少ない材料＆調味料で、
あとはスイッチポン！

ホットクック
お助けレシピ

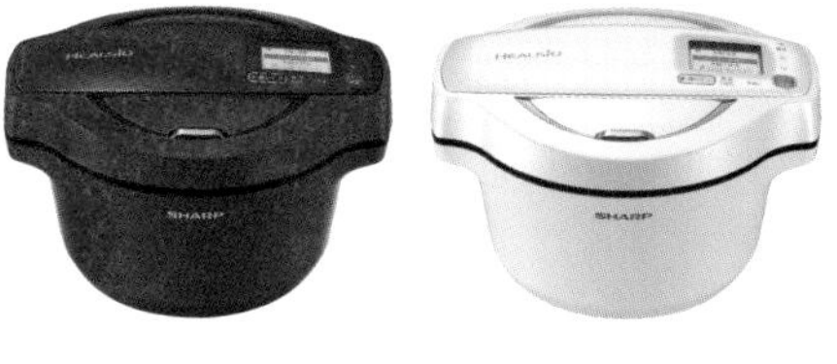

橋本加名子

家事や仕事で忙しすぎる毎日を助けてくれる、
シャープの自動調理鍋「ホットクック」。
材料を入れてスイッチを押せば、
お鍋が火加減を細かく調整して
食材の味を引き出し、おいしく仕上げてくれる
便利な調理家電です。
とはいえ、材料や調味料をそろえるのもひと仕事。
そこで、この本でご紹介するのは、
「食材や調味料の種類はできるだけ少なく、
それでいておいしくつくれるレシピ」だけ！
ホットクックで暮らしをもっとラクにしたい、
そんな人に使っていただきたいレシピブックです。

ホットクックがあると助かる
7つのこと

1

スイッチを押すだけ、とにかく気楽！

材料を内鍋に入れたら、「調理キー」を選んでスイッチポン！どの料理もこの手順でできあがるので、とっても気楽。料理が苦手でも大丈夫！

2

火加減の調整がいりません！

鍋の様子を見ながら、火加減を調整する手間いらず。ほったらかしでもおいしい料理ができあがります。味見をしたいときは一時停止ボタンを押して調理をストップして、途中で開けてもOK！

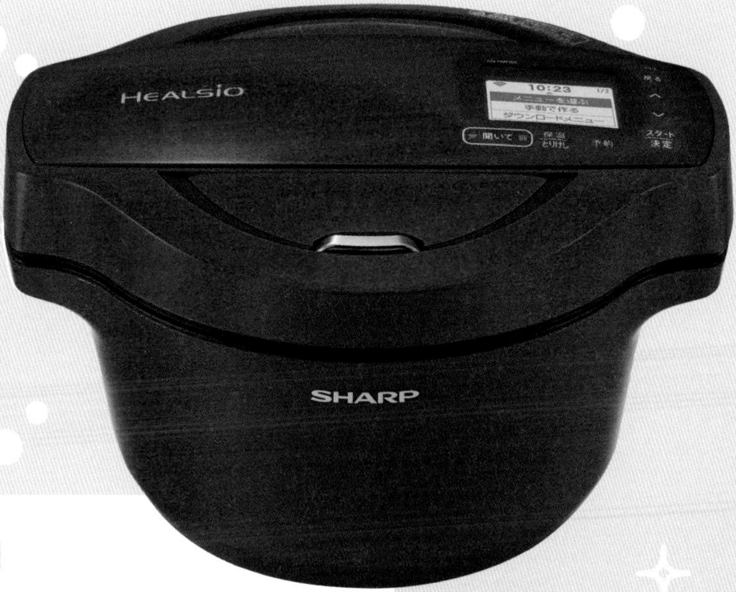

3

調理中にほかの家事ができます！

ホットクックの調理中はキッチンを離れることができるので、洗濯物をたたんだり、掃除機をかけたり、ほかの家事がはかどります。

ホットクックは、毎日の家事をラクにしてくれる「お助け家電」。
そんなホットクックを使いこなすためにも、
この本でぜひ、レシピのレパートリーを増やしてくださいね。

4

キッチンが汚れません！

吹きこぼれや炒め物の飛び散りもないので、キッチンがぴっかぴか。掃除の手間が省けます！
内鍋以外は食洗機も使えます。

5

家族に調理をまかせられます！

内鍋に材料を入れておけば、あとは家族がホットクックにセットして調理キーを押すだけ。炊飯器でごはんを炊くような感覚で、おいしい料理をつくってもらえます！

6

できあがった料理の保温もOK！

つくった料理は、そのまま保温しておけます。温め直しをしなくても、タイミングよく温かい料理が味わえて便利です！

7

シニア世代のごはんも安全&安心です！

火の扱いが心配な親世代。調理は自動的に止まるので、加熱しっぱなしになりません。歯の弱い方でも食べやすい、やわらかくなるまで煮込む料理も、焦がすことなくつくれます。

CONTENTS

PART 1

無水調理で おいしい「重ね煮」

PART 2

短時間で味しみ！「煮物」と「煮込み」

PART 3

いろいろなタレ＆ソースで「しっとりお肉」

PART4

一品でOK!の「ワンプレート&ワンボウル」

PART5

おかずになる! 具だくさんの「スープ&汁物」

PART6

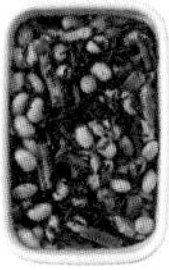

まとめて調理！ あると助かる「つくりおき」

How to use hotcook

この本のレシピを使いこなすコツ

この本のホットクックレシピは、材料を入れてスイッチを押すだけ！
とてもかんたんですが、ちょっとしたコツを知っておくと、
より料理を楽しく、おいしくつくることができます。

「自動調理キー」をフル活用して！

この本のレシピは、ホットクックに設定されているたくさんの「自動調理メニューキー」のなかから厳選して、使いやすいキーだけを使っています。P10に掲載した自動調理キーの主な特徴を覚えておくと、似たような料理をつくるときの調理キー選びの参考になります。

※この本では、少ない種類の自動調理キーを活用して、さまざまなレシピを提案しています。そのため、ホットクックに準備されている自動調理キーとは大きく異なるものを推奨している場合がありますが、まちがいではありません。

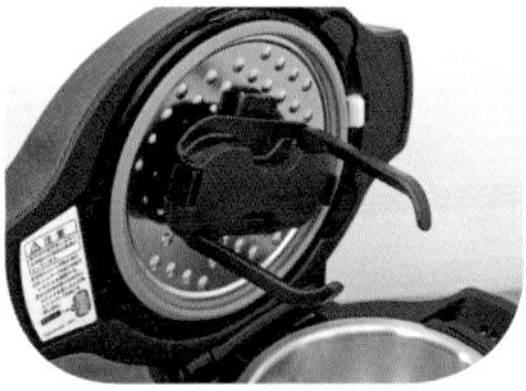

「まぜ技ユニット」のパーツ装着を忘れずに！

ホットクックの優れた機能のひとつが、加熱しながら混ぜてくれること。「まぜ技ユニット」を使用するレシピは、あらかじめパーツを取り付けておかないと、調理がスタートしません。忘れずに装着してください。

食材を入れる順番がポイントです！

内鍋に食材を入れるときは、水分の多い野菜を敷いてから肉や魚をのせましょう。PART1の「重ね煮」など、混ぜずに無水調理をする場合は特に、野菜の水分をいかして肉や魚に火を通すことができます。この本のレシピでは、入れる順番を守ってほしいレシピには「〜、〜、〜の順に入れる」と表記しています。

料理の途中で味見してみましょう!

ホットクックは、調理の途中でも一時停止ボタンを押して加熱を止められるので、ふたを開けて味見できます。普通の鍋でつくるときと同じように味見して、自分好みの味つけに調整してください。

加熱時間はフレキシブルに延長できます!

できあがった料理を食べてみて「まだかたいかな?」と思ったら、加熱を延長できます。また、調理が終わって冷めてしまっても、温め直しができるので便利です。

食材をかえればアレンジ自由自在!

豚肉を鶏肉にかえたり、キャベツを白菜にかえたり、一度つくった料理を違う食材でアレンジするのもおすすめです。ぜひ、いろいろ試して、ホットクックレシピのバリエーションを広げてくださいね。

調味料は少なめでOK!

ホットクックで調理する場合、普通の鍋でつくるときよりも少ない調味料で、食材に充分に味がつきます。レシピを見たときに「少ないかな?」と思っても、分量を守ってつくってみてください。

How to use
hotcook

こんな料理におすすめ！
自動調理メニューキー

ホットクックには多彩な「自動調理メニューキー」がありますが、この本では使いやすい調理キーにしぼって、オリジナルの解釈でレシピを考案しました。主に使ったのは調理時間が「20分～35分」に設定されている調理キー。どれも使い勝手のよい調理キーなので、特徴を覚えておくと便利です！

こんな料理に！	● かぼちゃ・いもを使った煮物 ● 煮えやすい野菜の煮物 ● 混ぜずに加熱したい汁物	● 魚の煮物 ● 火の通りやすい肉の煮物 ● 食感を残したい野菜の煮物	● 食材の食感を残し、混ぜて加熱したい炒め物 ● 混ぜて水分をとばしたい炒め煮 ● 混ぜてとろみをつけたい料理
おすすめ自動調理キー	**20分** **かぼちゃの煮物キー** HT24B HT99B HT16E ▶**煮物2-3** HT99A ▶**煮物1-2**	**20分** **さばのみそ煮キー** HT24B HT99B HT16E ▶**煮物2-10** HT99A ▶**煮物1-9**	**20分** まぜ技ユニット **豚バラ大根キー** HT24B HT99B HT16E ▶**煮物2-14** HT99A ▶**煮物1-20**
たとえばこのレシピ	**サバとじゃがいものトマトスープ**（P98） **かぼちゃのオリーブオイル煮**（P110） **なすの煮びたし**（P121）	**豚もやしの蒸ししゃぶごまダレがけ**（P16） **カジキと長ねぎの重ね煮**（P18） **サバとピーマンのカレー煮**（P36）	**厚揚げ麻婆豆腐**（P34） **五目あんかけ中華うどん**（P84） **にんじんのカレーきんぴら**（P120）

ホットクックの機種について

この本で主に使用したホットクックの機種は、右の「KN-HW16E」(容量1.6ℓ／2〜4人用)です。調理キーがわかりやすく表示され、音声ガイド機能があり、無線LANで新しいレシピを検索追加できるモデルです。ほかにも、2〜6人用の2.4ℓタイプ、1〜2人用の1ℓタイプなどがあります。

ホットクックのくわしい機種やカラーバリエーション、使い方などについては、取扱説明書またはオフィシャルサイトをごらんください。
https://jp.sharp/hotcook/

●ソースと一緒に混ぜながら加熱したいパスタ(乾麺)	●混ぜながら加熱したい具だくさんの汁物	●混ぜずに加熱したい重ね煮 ●やや長めに煮たい野菜料理	●混ぜながら加熱したい煮物 ●より味をしみこませたい煮物 ●じっくりやわらかく仕上げたい煮物
↓	↓	↓	↓
20分 まぜ技ユニット **スープパスタキー** HT24B HT99B HT16E ▶**めん類5-1** HT99A ▶**めんゆで4-5**	**25分** まぜ技ユニット **具だくさんみそ汁キー** HT24B HT99B HT16E ▶**カレー・スープ1-5** HT99A ▶**手動** ▶**煮物1-1** ▶**20分**	**30分** **白菜と豚バラの重ね煮キー** HT24B HT99B HT16E ▶**煮物2-4** HT99A ▶**煮物1-6**	**35分** まぜ技ユニット **肉じゃがキー** HT24B HT99B HT16E ▶**煮物2-1** HT99A ▶**煮物1-1**
↓	↓		↓
きのことベーコンのペペロンチーノ風(P68) **ブロッコリーとツナのクリームパスタ**(P72)	**なすともやしの酸辣湯**(P104) **ごろごろ根菜汁**(P106) **きのこ豚汁**(P108)	**なすとひき肉のトマト煮**(P20) **白菜と鶏みそミンチの重ね煮**(P26)	**鶏手羽元と大根のにんにくしょうゆ煮**(P32) **ハヤシライス**(P78) **和風ラタトゥイユ**(P119)
		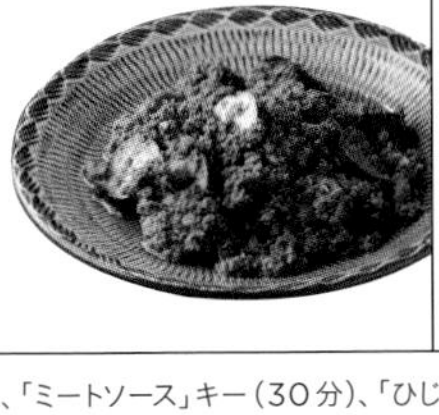	

※この本ではほかに「ほうれん草・小松菜」キー（10分）、「肉みそ」キー（15分）、「ミートソース」キー（30分）、「ひじきの煮物」キー（35分）、「おでん」キー（65分）、「スペアリブの煮こみ」キー（90分）、「黒豆」キー（60分で加熱を止める）、「発酵・低温調理」キー（手動2時間）を使っています。

この本の見方とレシピについて

この本のレシピは、1.6ℓタイプのホットクックを基準にしていますが、
2.4ℓタイプでもつくることができます。それぞれのレシピページに
掲載したマークや表の見方は、下記を参考にしてください。

● 調理時間

この時間は自動調理メニューキーに設定されている、加熱時間の目安です。この本のレシピでつくる場合は、食材の種類や量によって、変わることがあります。また、材料を切るなどの準備の時間、盛りつけなどの仕上げの時間も含まれていませんが、どのレシピも手間がかからないものばかりです。

● 自動調理メニューキー

メインで表示している自動調理メニューキーは「HW16D/HW16E/HW24C/HW24E」の機種にもとづいていますが、掲載したレシピは、1.6ℓタイプと2.4ℓタイプのホットクック全機種でつくることができます。それぞれの機種の自動調理メニューキーは、調理キーの対応表にしたがって操作してください。

● まぜ技ユニット

このマークがあるレシピは、あらかじめホットクックに「まぜ技ユニット」を装着してから調理してください。

● アレンジのヒント

ひとつのレシピをベースにして、アレンジするためのヒントです。ほかの食材にかえたり、調味料をプラスしたり、ホットクックレシピのレパートリーを増やすためのアイディアを示しています。

レシピのきまり

- 小さじ1は5mℓ、大さじ1は15mℓ、1カップは200mℓです。
- にんにく1片、しょうが1かけは約10gです。
- 食材を洗う、野菜の皮をむくなどの基本的な下ごしらえは省いています。
- 「つくりおき」の保存期間は清潔な容器に保存した場合の目安です。
  食べるときに確認をして、気温の高い季節などは早めに食べきってください。

PART
1

無水調理でおいしい「重ね煮」

野菜や肉、魚を重ねて入れてスイッチポン！
素材が持っている水分をいかし、
「無水調理」で火を通します。

この章のレシピで使う調理キーは、
「さばのみそ煮」キーと
「白菜と豚バラの重ね煮」キーの２種類だけ。
どちらも混ぜずに加熱する調理キーです。
火の通りやすい食材を使うレシピには、
「さばのみそ煮」キーを選んでいます。

「重ね煮」をおいしくつくるためのコツは、
肉や魚にあらかじめ下味をつけておくこと。
肉は火の通りやすい、薄切り肉がおすすめです。

調理時間
20分

豚バラキャベツ

キャベツと下味をつけた豚バラ肉を交互に重ねて、あとはスイッチポン！
肉の旨味がしみ込んだキャベツがおいしすぎて、お箸が止まらないおかずです。

アレンジのヒント

キャベツを白菜にかえたり
ごま油をオリーブオイルにかえても！

調理キー

メニュー ▶ カテゴリー ▶ 煮物 ▶ 魚介 ▶ さばのみそ煮

HT24B　HT99B　HT16E　自動 ▶ 煮物2-10
HT99A　自動 ▶ 煮物1-9

BEFORE

AFTER

材料（2～3人分）

キャベツ … 1/4玉（250g）
豚バラ薄切り肉 … 150g
A　塩 … 小さじ1
　　ごま油 … 大さじ1
酒 … 大さじ3
黒こしょう … 適量

つくり方

準備

- キャベツ ➡ ひと口大に切る。
- 豚肉 ➡ 3cm幅に切り、Aをもみ込む。

調理

- 内鍋にキャベツ、豚肉、キャベツ、豚肉、キャベツの順に重ねる。
- 酒をふりかけて、**調理キー**を押す。

仕上げ

- 器に盛り、黒こしょうをふる。

調理時間
20分

豚もやしの蒸ししゃぶ ごまダレがけ

しゃぶしゃぶ肉ともやしを重ねて加熱し、コクのあるごまダレをかけるだけ！
あとからタレをかけるので、味つけを調整しやすいのもポイント。

アレンジのヒント

もやしの代わりに、せん切りキャベツやえのきたけなどを使っても！

調理キー

メニュー ▶ カテゴリー ▶ 煮物 ▶ 魚介 ▶ さばのみそ煮

HT24B　HT99B　HT16E　自動 ▶ 煮物2-10

HT99A　自動 ▶ 煮物1-9

BEFORE

AFTER

材料（2〜3人分）

豚しゃぶしゃぶ肉（ロース）… 200g
もやし … 1袋（200g）
A　酒 … 大さじ1
　塩 … 少々
B　**ごまダレ**
　白すりごま … 大さじ2
　しょうゆ … 大さじ1
　砂糖、酢 … 各小さじ1
　水 … 大さじ1
青じそのせん切り … 適量

つくり方

準備

- 豚肉 ➡ Aをからめる。
- Bのごまダレ ➡ 混ぜ合わせる。

調理

- 内鍋にもやし、豚肉、もやし、豚肉、もやしの順に重ねて、**調理キー**を押す。

仕上げ

- 器に盛り、ごまダレをかけ、青じそをのせる。

調理時間
20分

カジキと長ねぎの重ね煮

たっぷりの長ねぎとカジキを重ねてごま油の風味をきかせた、中華風の蒸し煮です。野菜と魚から出た煮汁も、ごはんにかけて味わいたいおいしさ！

アレンジのヒント

えのきたけは好みのきのこにかえても！

調理キー

メニュー ▶ カテゴリー ▶ 煮物 ▶ 魚介 ▶ さばのみそ煮

HT24B　HT99B　HT16E　自動 ▶ 煮物2-10
HT99A　自動 ▶ 煮物1-9

材料（2～3人分）

カジキ … 3切れ（270g）
長ねぎ … 1本
えのきたけ … 1パック
A 酒、ごま油 … 各大さじ1
　しょうゆ … 小さじ1
　塩 … 小さじ½

BEFORE

AFTER

つくり方

準備

- 長ねぎ ➡ 1㎝幅の斜め切りにする。
- カジキ ➡ 1切れを3～4等分に切り、Aをからめる。

調理

- 内鍋に長ねぎ、カジキ（からめたAの残り汁も）の順に重ねる。
- えのきたけをほぐしてのせ、**調理キー**を押す。

仕上げ

- 器に盛り、好みでカイワレ大根を飾る。

調理時間
30分

なすとひき肉のトマト煮

なかなか火が通りにくいなすも、ホットクックならとろっとやわらか！
合いびき肉とカットトマト、調味料を混ぜておき、なすと一緒に重ねて煮ます。

アレンジのヒント

豚ひき肉や鶏ひき肉でも
おいしくできます！

調理キー

メニュー ▶ カテゴリー ▶ 煮物 ▶ 野菜 ▶ 白菜と豚バラの重ね煮

HT24B　HT99B　HT16E　自動 ▶ 煮物2-4
HT99A　自動 ▶ 煮物1-6

BEFORE

AFTER

材料（2〜3人分）

なす … 3本（240g）
A 合いびき肉 … 200g
　カットトマト水煮（缶）… 1缶（400g）
　にんにくのみじん切り … 1片分
　砂糖 … 大さじ1
　塩 … 小さじ1½
オリーブオイル … 大さじ1

つくり方

準備

- なす ➡ 1cm厚さの輪切りにする。
- A ➡ ボウルに入れてよく混ぜる。

調理

- 内鍋になす、A、なす、Aの順に重ねる。
- オリーブオイルをまわし入れて、**調理キー**を押す。

仕上げ

- 器に盛り、好みできざんだパセリを散らす。

調理時間
20分

豚キムチ

人気の豚キムチも、ホットクックならノンオイルで炒めいらず！
豚肉に下味をつけておくことで、味がしっかりきまります。

材料（2〜3人分）

豚バラ薄切り肉 … 250g
キムチ … 150g
玉ねぎ … ½ 個
しょうがの薄切り … 2枚
A 酒 … 大さじ1
　しょうゆ … 大さじ ⅔

つくり方

準備

- 豚肉 ➡ 4等分に切り、Aをもみ込む。
- 玉ねぎ ➡ 7〜8㎜厚さのくし形切りにする。

調理

- 内鍋に玉ねぎ、豚肉（もみ込んだAの残り汁も）、しょうが、キムチの順に重ねて、**調理キー**を押す。

仕上げ

- 器に盛り、好みで三つ葉を飾る。

調理キー

メニュー ▶ カテゴリー ▶ 煮物 ▶ 魚介 ▶ さばのみそ煮

HT24B　HT99B　HT16E　自動 ▶ 煮物2-10

HT99A　自動 ▶ 煮物1-9

ブリキムチ

調理時間
20分

キムチとブリは相性ばつぐん、韓国風の絶品ピリ辛おかず。
キムチが魚のくさみを消して、旨味を引き立ててくれます。

材料（2～3人分）

ブリ … 3切れ
キムチ … 150g
長ねぎ … ½本
しょうがの薄切り … 2枚
塩 … 少々
A 酒 … 大さじ1
　しょうゆ … 大さじ1

つくり方

準備

- ブリ ➡ 1切れを2～3等分に切り、塩をふる。
- 長ねぎ ➡ 5㎜厚さの斜め切りにする。

調理

- 内鍋に長ねぎ、ブリ、長ねぎ、ブリの順に重ねる。
- Aをまわし入れ、しょうがとキムチを重ねて、**調理キー**を押す。

仕上げ

- 器に盛り、好みで斜め切りの小ねぎを飾る。

調理キー

メニュー ▶ カテゴリー ▶ 煮物 ▶ 魚介 ▶ さばのみそ煮

HT24B HT99B HT16E 自動 ▶ 煮物2-10

HT99A 自動 ▶ 煮物1-9

調理時間
20分

鮭のちゃんちゃん煮

北海道名物の「鮭のちゃんちゃん焼き」を、ホットクックで重ね煮に！
鮭の旨味とキャベツや玉ねぎの甘みを、みそが引き立てます。

アレンジのヒント

にんじんやしめじは
なければ省いてもOK！

調理キー

メニュー ▶ カテゴリー ▶ 煮物 ▶ 魚介 ▶ さばのみそ煮

HT24B **HT99B** **HT16E** **自動 ▶ 煮物2-10**

HT99A **自動 ▶ 煮物1-9**

材料 (2～3人分)

生鮭 … 3切れ
キャベツ … 大3～4枚(150g)
玉ねぎ … ½個
にんじん … ⅙本(25g)
しめじ … ¼パック
塩 … 少々
A みそ … 大さじ1½
しょうゆ、砂糖 … 各大さじ½
酒 … 大さじ1

野菜で鮭を
サンドしておいしく
蒸し上げます

BEFORE

AFTER

つくり方

準備

- 鮭 ➡ 1切れを3～4等分に切り、塩をふる。
- キャベツ ➡ ひと口大に切る。
- 玉ねぎ ➡ 繊維を断つように5㎜厚さに切る。
- にんじん ➡ 短冊切りにする。
- しめじ ➡ 食べやすくほぐす。

調理

- 内鍋にキャベツ、にんじん、鮭、玉ねぎ、しめじの順に重ねる。
- Aを混ぜてまわし入れ、**調理キー**を押す。

仕上げ

- 全体を軽く混ぜる。

調理時間
30分

白菜と鶏みそミンチの重ね煮

みそや卵を混ぜた鶏ひき肉と白菜を重ねて蒸し煮に。くったりした白菜と、しっかり味つけされたふわふわの鶏みそミンチが好相性です。

アレンジのヒント

白菜をキャベツにかえてつくるのもおすすめです！

調理キー

メニュー ▶ カテゴリー ▶ 煮物 ▶ 野菜 ▶ 白菜と豚バラの重ね煮

HT24B　HT99B　HT16E　自動 ▶ 煮物 2-4

HT99A　自動 ▶ 煮物 1-6

BEFORE

AFTER

材料 （2～3人分）

白菜 … ¼ 玉（550g）

A 鶏ひき肉 … 250g

長ねぎのみじん切り … ½ 本分

卵 … 1個

みそ … 大さじ2

酒 … 大さじ1

しょうゆ … 大さじ ½

白いりごま … 適量

つくり方

準備

- 白菜 ➡ 5㎝長さに切る。
- A ➡ ボウルに入れてよく混ぜる。

調理

- 内鍋に白菜、A、白菜、A、白菜の順に重ねて、**調理キー**を押す。

仕上げ

- 器に盛り、白いりごまをふる。

調理時間
20分

かぶと豚バラのあっさり塩煮

みずみずしいかぶと豚バラ肉を重ねて煮る、シンプルなおいしさ。
かぶの葉は余熱で火を通すと、鮮やかな緑色に煮上がります。

アレンジのヒント

あっさり味なので、ポン酢や
ゆずこしょうを添えるのもおすすめ。

調理キー

メニュー ▶ カテゴリー ▶ 煮物 ▶ 魚介 ▶ さばのみそ煮

HT24B　HT99B　HT16E　自動 ▶ 煮物2-10

HT99A　自動 ▶ 煮物1-9

材料（2〜3人分）

かぶ … 大3個

かぶの葉 … かぶ1個分

豚バラ肉 … 150g

A 酒 … 大さじ1

　塩 … 小さじ2/3

つくり方

準備

- かぶ ➡ 縦4等分に切る。
- かぶの葉 ➡ 粗くきざむ。
- 豚肉 ➡ 2cm幅に切り、Aをからめる。

調理

- 内鍋にかぶ、豚肉、かぶ、豚肉の順に重ねて、**調理キー**を押す。

仕上げ

- 調理が終わったらすぐにかぶの葉を入れてふたを閉め、余熱で2分ほどおいて火を通す。

BEFORE

AFTER

調理時間
20分

根菜と豚しゃぶ肉の重ね蒸し

根菜のシャキシャキした食感と豚肉のハーモニーがおいしい！
仕上げにお酢をかけることで、味がひきしまります。

材料（2〜3人分）

豚しゃぶしゃぶ肉 … 200g
れんこん … 250g
にんじん … 2/3本（100g）
A オリーブオイル … 大さじ2
　酒 … 大さじ1
　塩 … 小さじ1
酢 … 小さじ1

つくり方

準備

- 豚肉 ➡ Aをもみ込む。
- れんこん ➡ 5㎜厚さの半月切りにする。
- にんじん ➡ 5㎜厚さの斜め切りにする。

調理

- 内鍋にれんこん、豚肉、にんじん、れんこん、豚肉、にんじんの順に重ねて、**調理キー**を押す。

仕上げ

- フライ返しなどで取り出し、包丁で４〜６等分に切って器に盛り、酢をふりかける。

調理キー

メニュー ▶ カテゴリー ▶ 煮物 ▶ 魚介 ▶ さばのみそ煮
HT24B　HT99B　HT16E　自動 ▶ 煮物2-10
HT99A　自動 ▶ 煮物1-9

PART 2

短時間で味しみ！
「煮物」と「煮込み」

ホットクックでつくる煮物と煮込みは、
少量の煮汁でコトコト。
食材の持つ水分も旨味たっぷりのだしになるから、
調味料少なめでもおいしい！

火の通りにくい根菜やいも類も、ホットクックは大得意。
煮くずれしにくく、ムラなく火が通ります。
短時間の加熱でも、じっくり煮込んだみたいに、
味がしみしみです。

煮物にありがちなのが、
うっかり焦げつかせてしまうこと。
ホットクックは自動で加熱温度を調整してくれるので、
その心配もありません！

調理時間
35分

鶏手羽元と大根の にんにくしょうゆ煮

鶏肉はホロッとほぐれて、大根は味がしみてやわらか。
にんにくとしょうゆの黄金コンビにごはんが進みまくり！

アレンジのヒント

手羽先や手羽中の
ハーフカットを使っても！

調理キー

メニュー ▶ カテゴリー ▶ 煮物 ▶ 肉 ▶ 肉じゃが

HT24B HT99B HT16E 自動 ▶ 煮物2-1
HT99A 自動 ▶ 煮物1-1

まぜ技ユニット

BEFORE

AFTER

材料 (2～3人分)

鶏手羽元 … 8本
大根 … 1/5本(200g)
しょうがの薄切り … 2枚
にんにく … 1片
A しょうゆ … 大さじ3
　砂糖、みりん、酒 … 各大さじ1
水 … 50ml

つくり方

準備

- 鶏手羽元 ➡ Aをからめる。
- 大根 ➡ 大きめのひと口大に切る。
- にんにく ➡ 縦半分に切り、軽くつぶす。

調理

- 内鍋に大根、鶏肉(からめたAの残り汁も)、しょうが、にんにくの順に入れる。
- 具材の隙間から水を入れ、**調理キー**を押す。

調理時間
20分

厚揚げ麻婆豆腐

麻婆豆腐には、煮くずれしにくく味しみのいい厚揚げを使うのがおすすめ。
ひき肉にしっかり味つけして加熱するのがコツです！

アレンジのヒント

子ども向けにはラー油ではなく
ごま油をかけて、辛味をおさえて。

調理キー

メニュー ▶ カテゴリー ▶ 煮物 ▶ 肉 ▶ 豚バラ大根

HT24B HT99B HT16E 自動 ▶ 煮物2-14
HT99A 自動 ▶ 煮物1-20

まぜ技ユニット

材料（2人分）

厚揚げ … 1枚
A 豚ひき肉 … 150g
長ねぎのみじん切り … 8cm分
にんにくのみじん切り … 1片分
しょうがのみじん切り … 1かけ分
しょうゆ、酒 … 各大さじ1
みそ、豆板醤 … 各小さじ½
砂糖 … 小さじ½
水 … 50mℓ
ラー油 … 適量

まぜ技ユニットで
ひき肉を
ほぐしながら加熱！

BEFORE

AFTER

つくり方

準備

- 厚揚げ ➡ 油をキッチンペーパーでおさえて、2～3cm角に切る。
- A ➡ ボウルに入れてよく混ぜ合わせる。

調理

- 内鍋に厚揚げ、Aの順に入れ、**調理キー**を押す。

仕上げ

- 器に盛り、ラー油をまわしかける。

調理時間
20分

サバとピーマンのカレー煮

ふんわりと煮えたサバに、カレーしょうゆの煮汁がマッチ。
サバの旨味がしみ込んだピーマンのおいしさにも感動！

アレンジのヒント

サバの代わりにブリの切り身でも
カレー味によく合います。

調理キー

メニュー ▶ カテゴリー ▶ 煮物 ▶ 魚介 ▶ さばのみそ煮

HT24B　HT99B　HT16E　自動 ▶ 煮物2-10
HT99A　自動 ▶ 煮物1-9

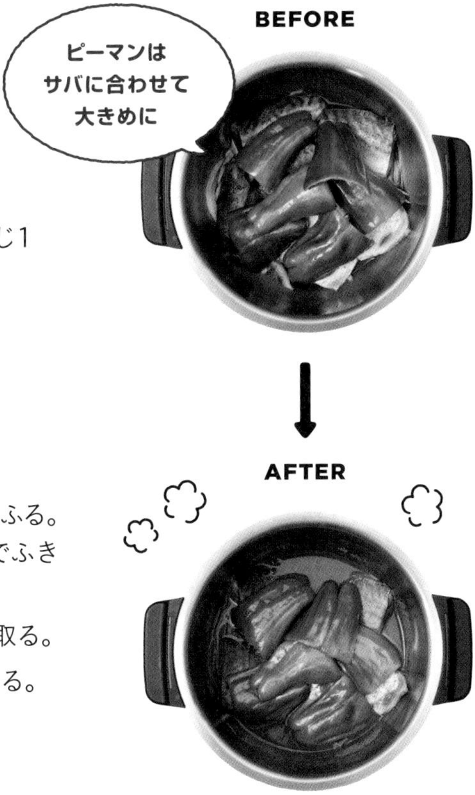

材料（2〜3人分）

サバ（三枚おろし）… 半身を2切れ
ピーマン … 3個
玉ねぎ … ½個
A　カレー粉、しょうゆ、酒 … 各大さじ1
　水 … 100㎖
塩 … 少々

つくり方

準備

- サバ ➡ 1切れを3等分に切り、塩をふる。出てきた水気はキッチンペーパーでふき取っておく。
- ピーマン ➡ 縦半分に切って、種を取る。
- 玉ねぎ ➡ 繊維に沿って薄切りにする。

調理

- 内鍋に玉ねぎ、サバの順に入れ、よく混ぜたAをまわし入れる。
- ピーマンをのせて、**調理キー**を押す。

調理時間
20分

煮込みハンバーグ

焼かなくてもいいからラクちん、スイッチひとつで煮込めばできあがり！
お肉の旨味がしっかり溶け出したトマトソースもいい味わいです。

アレンジのヒント

豚ひき肉を使って、小さめの
ミートボールにしてお弁当にも！

調理キー

メニュー ▶ カテゴリー ▶ 煮物 ▶ 魚介 ▶ さばのみそ煮

HT24B　HT99B　HT16E　自動 ▶ 煮物2-10
HT99A　自動 ▶ 煮物1-9

材料（4個分）

合いびき肉 … 300g
A 玉ねぎのみじん切り … ¼個分
　卵 … 1個
　パン粉 … ½カップ
　塩 … 小さじ⅓
　白こしょう … 少々
　ナツメグ（あれば）… 少々
B カットトマト水煮（缶）… 1缶（400g）
　トマトケチャップ … 大さじ2
　ウスターソース … 大さじ1
　塩 … 少々

BEFORE

AFTER

つくり方

準備

- 合いびき肉 ➡ ボウルに入れてよくこねてから、Aを加えてさらにこねる。ボウルに数回落として空気を抜いたら4等分し、小判形に丸める。
- B ➡ 混ぜ合わせる。

調理

- 内鍋にBの半量を入れ、ハンバーグを並べる。残りのBをまわし入れ、**調理キー**を押す。

仕上げ

- 器に盛り、好みでベビーリーフを添える。

調理時間
20分

春雨肉団子

ふんわりやわらか、食べごたえのある肉団子を春雨と一緒にコトコト！
おもてなしにもぴったりの、中華風のおかずです。

アレンジのヒント

豚ひき肉は鶏ひき肉でもＯＫ！
しいたけを好みのきのこにかえても。

調理キー

メニュー ▶ カテゴリー ▶ 煮物 ▶ 魚介 ▶ さばのみそ煮

HT24B　HT99B　HT16E　自動 ▶ 煮物2-10

HT99A　自動 ▶ 煮物1-9

材料（6個分）

春雨（乾燥）… 40g
しいたけ … 3枚
A　豚ひき肉 … 300g
　長ねぎのみじん切り … ½本分
　卵 … 1個
　鶏ガラスープの素（顆粒）… 小さじ2
　片栗粉 … 大さじ2
B　鶏ガラスープの素（顆粒）… 小さじ1
　オイスターソース … 小さじ1
　しょうゆ … 小さじ1
　水 … 600mℓ
ごま油、小ねぎの小口切り … 各少々

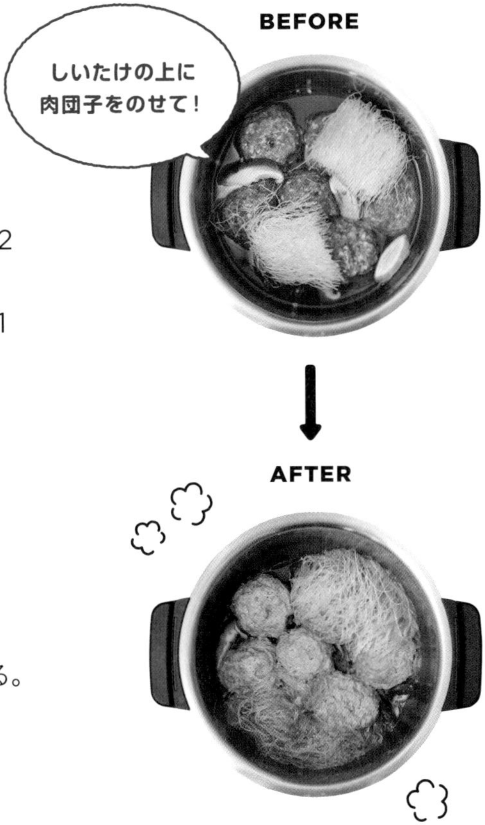

つくり方

準備

- 春雨 ➡ ハサミで半分の長さに切る。
- しいたけ ➡ 薄切りにする。
- A ➡ ボウルでよく混ぜ合わせたら
6等分し、丸める。

調理

- 内鍋にしいたけを敷いて、肉団子を並べ、春雨をのせる。
- Bをよく混ぜて具材の隙間から入れ、**調理キー**を押す。

仕上げ

- 器に盛り、風味づけにごま油をかけ、小ねぎを散らす。

調理時間
20分

鶏ごぼうとパプリカの洋風煮込み

オリーブオイルの風味とレモンの酸味をきかせた、デリ風のおかず。
ごぼうの深い旨味とパプリカの甘味が、鶏肉を引き立てます。

アレンジのヒント

鶏肉を豚肉にかえて
つくってもおいしいです！

調理キー

メニュー ▶ カテゴリー ▶ 煮物 ▶ 肉 ▶ 豚バラ大根

HT24B　HT99B　HT16E　自動 ▶ 煮物2-14
HT99A　自動 ▶ 煮物1-20

まぜ技
ユニット

材料（2～3人分）

鶏もも肉 … 1枚（250g）
ごぼう … 1本（100g）
パプリカ … 1個
A　オリーブオイル … 大さじ1
　塩 … 小さじ⅔
　水 … 50㎖
レモン汁 … 大さじ1～2
黒こしょう … 適量

BEFORE

AFTER

つくり方

準備

- 鶏肉 ➡ 小さめのひと口大に切る。
- ごぼう ➡ 皮をよく洗って、1㎝幅の斜め切りにする。
- パプリカ ➡ 種を取り、縦6等分に切る。

調理

- 内鍋に、ごぼう、鶏肉、パプリカの順に入れる。
- Aを入れ、**調理キー**を押す。

仕上げ

- レモン汁をまわしかけ、軽く混ぜる。器に盛り、黒こしょうをふる。

調理時間
20分

鮭とじゃがいものみそバター煮

鮭の旨味とみそバターがからんだじゃがいもが、ひそかな主役。
ちょっと煮くずれしたくらいの仕上がりがおいしいのです。

材料（2〜3人分）

生鮭 … 3切れ
じゃがいも … 3個（300g）
A みそ … 大さじ2
酒、みりん … 各大さじ1
しょうゆ … 小さじ½
水 … 100㎖
塩 … 少々
バター … 大さじ2

つくり方

準備

- 鮭 ➡ 1切れを4等分に切り、塩をふる。出てきた水気はキッチンペーパーでふき取る。
- じゃがいも ➡ 1㎝厚さの輪切りにし、水にさらしてよく水気をきる。

調理

- 内鍋にじゃがいも、鮭の順に入れる。
- Aをよく混ぜてまわし入れ、バターをのせ、**調理キー**を押す。

仕上げ

- 器に盛り、好みで小ねぎの小口切りを散らす。

調理キー	
メニュー ▶ カテゴリー ▶ 煮物 ▶ 魚介 ▶ さばのみそ煮	
HT24B HT99B HT16E	自動 ▶ 煮物2-10
HT99A	自動 ▶ 煮物1-9

トマト肉じゃが

調理時間
20分

いつもの肉じゃがとはひと味違う、塩味のあっさりしたおいしさ。
トマトがつぶれないように、混ぜない調理キーを使います。

材料 (2〜3人分)

豚切り落とし肉 … 150g
じゃがいも … 3個(300g)
トマト … 2個(300g)
A 酒、水 … 各大さじ2
みりん … 大さじ1
塩 … 小さじ1

つくり方

準備

- 豚肉 ➡ Aをもみ込む。
- じゃがいも、トマト ➡ 4等分に切る。

調理

- 内鍋にじゃがいも、豚肉(もみ込んだAの残り汁も)、トマトの順に入れ、**調理キー**を押す。

仕上げ

- 器に盛り、好みで小ねぎの斜め切りを飾る。

調理キー

メニュー ▶ カテゴリー ▶ 煮物 ▶ 野菜 ▶ かぼちゃの煮物

HT24B HT99B HT16E 自動 ▶ 煮物2-3

HT99A 自動 ▶ 煮物1-2

調理時間
20分

鶏肉とエリンギの おろししょうが煮

味つけのポイントはおろししょうが！　煮込むことで辛味がとび、
マイルドな旨味に。煮汁がしみしみのエリンギとさやいんげんも最高！

アレンジのヒント

ごはんの上にのせれば
丼メニューに！

調理キー

メニュー ▸ カテゴリー ▸ 煮物 ▸ 肉 ▸ 豚バラ大根

HT24B HT99B HT16E 自動 ▸ 煮物2-14
HT99A 自動 ▸ 煮物1-20

まぜ技ユニット

材料（2〜3人分）

鶏もも肉 … 1枚（250g）
エリンギ … 4本
さやいんげん … 5本
A おろししょうが … 大さじ1
しょうゆ … 大さじ1½
酒 … 大さじ1
砂糖 … 大さじ½
水 … 50mℓ

つくり方

準備

- 鶏肉 ➡ ひと口大に切って、Aをもみ込む。
- エリンギ ➡ 縦半分に切ってから、3〜4等分に切る。
- さやいんげん ➡ 斜め3等分に切る。

調理

- 内鍋にエリンギ、鶏肉（もみ込んだAの残り汁も）、さやいんげんの順に入れる。
- 水を入れ、**調理キー**を押す。

BEFORE

AFTER

しょうがの
辛味がとんで
マイルドな香りに！

調理時間
35分

牛肉と長いもの中華風煮物

コトコト煮込んだ長いもは、ねっとりとして味が濃厚!
牛肉の旨味と唐辛子のピリ辛味に、お箸が進みます。

アレンジのヒント

長いもの代わりに里いもを使っても、
ほっくり&ねっとりした食感がよく合います。

調理キー

メニュー ▶ カテゴリー ▶ 煮物 ▶ 肉 ▶ 肉じゃが

HT24B **HT99B** **HT16E** **自動 ▶ 煮物2-1**
HT99A **自動 ▶ 煮物1-1**

まぜ技ユニット

材料（2～3人分）

牛切り落とし肉 … 250g
長いも … 350g
長ねぎ … ½本
にんにくの薄切り … 1片分
しょうがの薄切り … 1かけ分
A しょうゆ … 大さじ1½
オイスターソース … 大さじ½
砂糖 … 大さじ½
酒 … 大さじ3
赤唐辛子の輪切り（乾燥）… 1本分
水 … 50mℓ

BEFORE

AFTER

つくり方

準備

- 牛肉 ➡ Aをもみ込む。
- 長いも ➡ 大きめの乱切りにする。
- 長ねぎ ➡ 3cm長さに切る。

調理

- 内鍋に長ねぎ、長いも、牛肉（もみ込んだAの残り汁も）の順に入れる。
- 水を入れ、にんにく、しょうがをのせて、**調理キー**を押す。

調理時間
90分

豚スペアリブのやわらかお酢煮

PART2で唯一、時間をかけて煮るレシピですが、その価値あり！
お酢を加えることでよりやわらかく、旨味が増します。

アレンジのヒント

ねりがらしをつけても
よく合います！

調理キー

メニュー ▶ カテゴリー ▶ 煮物 ▶ 肉 ▶ スペアリブの煮込み

HT24B HT99B HT16E 自動 ▶ 煮物2-6
HT99A 自動 ▶ 煮物1-7

まぜ技ユニット

材料（2〜3人分）

豚スペアリブ … 6本（700g）
しょうがの薄切り … 3枚
にんにく … 1片
A しょうゆ … 大さじ2½
酒、みりん … 各大さじ2
酢 … 50㎖

お酢には肉をやわらかくする効果あり

BEFORE

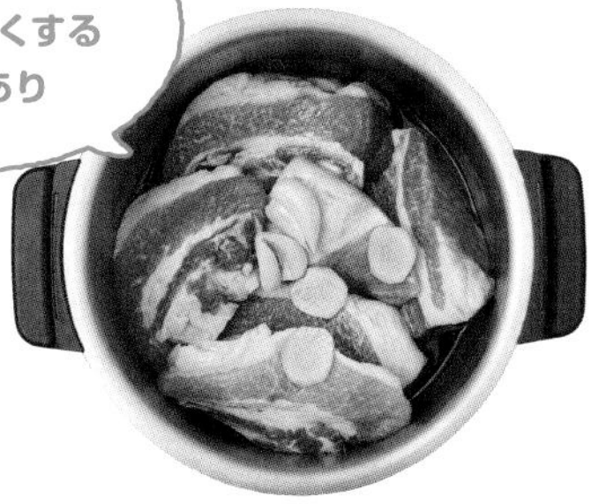

AFTER

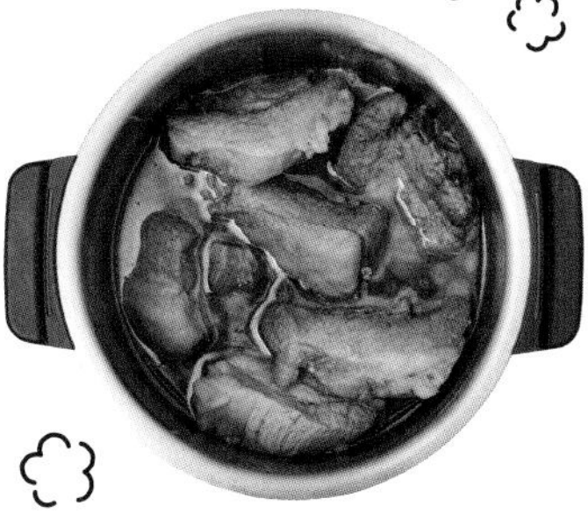

つくり方

準備

- にんにく ➡ 縦半分に切り、軽くつぶす。

調理

- 内鍋にスペアリブ、しょうが、にんにく、Aを入れる。全体を軽く混ぜ、**調理キー**を押す。

仕上げ

- 器に盛り、好みで白髪ねぎをのせる。

調理時間
35分

鶏肉とさつまいものはちみつしょうゆ煮

鶏肉とさつまいものコンビには、甘辛の味つけがよく合います。
大学いもみたいに黒ごまをふることで、よりおいしさアップ！

材料（2～3人分）

鶏むね肉 … 1枚（250g）
さつまいも
… 1～2本（300g）
しょうがの薄切り
… 1かけ分
A しょうゆ … 大さじ1½
酒、はちみつ
… 各大さじ1
水 … 50mℓ
黒いりごま … 適量

つくり方

準備

- 鶏肉 ➡ ひと口大のそぎ切りにし、Aをもみ込む。
- さつまいも ➡ 小さめの乱切りにし、水にさらしてから水気をきる。

調理

- 内鍋にさつまいも、鶏肉（もみ込んだAの残り汁も）の順に入れ、しょうがをのせる。
- 具材の隙間から水を入れ、**調理キー**を押す。

仕上げ

- 器に盛り、黒ごまをふる。

調理キー

メニュー ▶ カテゴリー ▶ 煮物 ▶ 肉 ▶ 肉じゃが
HT24B　HT99B　HT16E　自動 ▶ 煮物2-1
HT99A　自動 ▶ 煮物1-1

まぜ技ユニット

PART 3

いろいろなタレ＆ソースで「しっとりお肉」

ホットクックはぶ厚いお肉を加熱するのが上手。
旨味をしっかり閉じ込めて、パサつかせず、
しっとり仕上げます。

この本で紹介するのは、ふだんの食事に取り入れやすい、
鶏もも肉と鶏むね肉、豚肩ロース肉のゆで方。
それぞれの最適な調理キーを参考にしてください。

基本のしっとりお肉がつくれたら、
好みのタレ＆ソースを用意。
この章で紹介するレシピはすべて、材料を混ぜるだけ！

残ったゆで汁にはお肉のだしが出ているので、捨てないで。
68ページの「お肉のゆで汁でかんたんスープ」に
活用するのがおすすめです。

調理時間
20分

\ 鶏もも肉で /

しっとりロールチキン

脂のある鶏もも肉は巻いて旨味をしっかりとじ込めて!
つまようじを刺してとめれば、たこ糸で巻く必要もありません。

with

マスタードカレーマヨ

まろやかな酸味とほのかな
辛味がスパイシー!
コクのあるロールチキンに
ぴったりのソースです。

材料（つくりやすい分量）
＊すべてを混ぜるだけ

マヨネーズ … 大さじ2
フレンチマスタード、カレー粉
… 各小さじ1

調理キー

メニュー ▶ カテゴリー ▶ 煮物 ▶ 魚介 ▶ さばのみそ煮

HT24B HT99B HT16E 自動 ▶ 煮物2-10

HT99A 自動 ▶ 煮物1-9

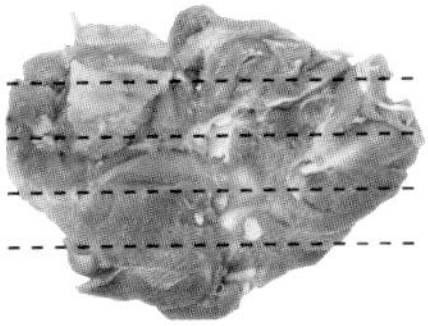

点線部分に切り込みを浅めに入れておくと、巻きやすい！

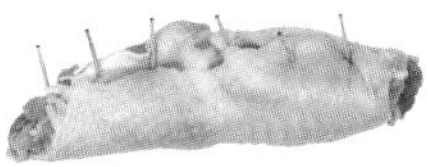

材料 (つくりやすい分量)

鶏もも肉 … 1枚（250g）
玉ねぎの薄切り … 1/6個分
酒 … 大さじ1
塩 … 少々

つくり方

準備

- 鶏肉 ➡ 鶏肉は繊維に沿って3、4か所に包丁で切り込みを入れ、両面に塩をふる。皮目が外側になるように巻き、巻き終わりの6、7か所につまようじを刺してとめる。

調理

- 内鍋に玉ねぎ、鶏肉、酒の順に入れ、「水位MAX」まで水（分量外）を入れ、**調理キー**を押す。
- 調理が終わったら、鶏肉を浸したまま冷まして完成。

仕上げ

- 1cm厚さに切って器に盛る。好みでベビーリーフやマスタードカレーマヨ（つくり方は左ページ）を添える。

BEFORE

AFTER

しっとりロールチキンの
タレ＆ソース３種

鶏もも肉を使った見た目も華やかなロールチキン。シンプルに
塩だけで味つけしてあるので、どんなタレ＆ソースも合います！

with
バジルトマトソース

甘味の強いミニトマトと香りのいいバジルは
鶏もも肉との相性ばつぐん！　彩りもきれいです。

材料（つくりやすい分量）＊すべてを混ぜるだけ

ミニトマトの粗みじん切り … ８個分
バジルの粗みじん切り … ５枚分
おろしにんにく … ½片分
塩 … 小さじ½

with

しば漬けタルタルソース

漬け物は和風のピクルスなので、タルタルに混ぜると
意外な相性のよさ！　ソースがほんのり桃色に染まります。

材料　(つくりやすい分量) ＊すべてを混ぜるだけ

マヨネーズ、しば漬けのみじん切り … 各大さじ2
ゆで卵のみじん切り … 1個分

with

おろし玉ねぎダレ

脂のある鶏もも肉をさっぱり味わえるタレ。
しょうゆを加えるので、ごはんのおかずにもぴったりです。

材料　(つくりやすい分量) ＊すべてを混ぜるだけ

おろし玉ねぎ … 大さじ2
しょうゆ … 小さじ1
みりん、酢 … 各小さじ½

調理時間
2時間

＼鶏むね肉で／
しっとりサラダチキン

ホットクックの低温調理の機能を使えば、パサつきやすい
鶏むね肉がしっとりやわらか！　絶品のサラダチキンに変身します。

with
バンバンジーダレ

濃厚なねりごまをベースにした、
コクがあって香ばしいタレ。
さっぱりしたサラダチキンに
よく合います。

材料（つくりやすい分量）
＊すべてを混ぜるだけ

白ねりごま … 大さじ2
しょうゆ … 大さじ1
酢 … 大さじ1 $\frac{2}{3}$
砂糖 … 小さじ1
水 … 小さじ1

調理キー

手動 ▶ 発酵・低温調理をする ▶ 65℃ ▶ 2時間

HT24B HT99B HT16E 手動 ▶ 6 発酵 ▶ 65℃ ▶ 2時間

HT99A 手動 ▶ 5 発酵 ▶ 65℃ ▶ 2時間

材料（つくりやすい分量）

鶏むね肉 … 2枚（500g）
長ねぎの青い部分 … 1本分
しょうがの薄切り … 3枚
酒 … 大さじ1

BEFORE

AFTER

つくり方

調理

- 内鍋に長ねぎ、鶏肉、しょうが、酒の順に入れ、「水位MAX」まで水（分量外）を入れ、**調理キー**を押す。
- 調理が終わったら、鶏肉を浸したまま冷まして完成。

仕上げ

- そぎ切りにして器に盛る。好みできゅうりの細切りの上にのせ、バンバンジーダレ（つくり方は左ページ）をかける。

しっとりサラダチキンの
タレ&ソース3種

ヘルシーでジューシーなサラダチキン。サラダはもちろん、
和風＆中華風のアレンジで、ごはんにも合う味に！

with
ねぎ塩レモンダレ

ごま油の香ばしさと黒こしょうの辛味をきかせ、
レモンでさっぱりと。お酒のつまみにもよろこばれそう。

材料（つくりやすい分量）＊すべてを混ぜるだけ

長ねぎの粗みじん切り … 5㎝分
レモンのしぼり汁 … 大さじ2
ごま油 … 大さじ1
塩 … 小さじ1
黒こしょう … 適量

with

にんにくみそダレ

甘辛いみそダレに、にんにくを加えてパンチをきかせたタレ。
バンバンジーのようにきゅうりを添えてもおいしいです。

材料 （つくりやすい分量）＊すべてを混ぜるだけ

おろしにんにく … 1片分
みそ … 大さじ2
しょうゆ … 大さじ1
砂糖 … 大さじ½

with

おろしにんじん梅ソース

すりおろしたにんじんを使った、食べる野菜ソース。
梅肉の酸味がにんじんの甘味によく合います。

材料 （つくりやすい分量）＊すべてを混ぜるだけ

おろしにんじん … 大さじ2
梅肉 … 大さじ½
みりん、サラダ油 … 各小さじ1

調理時間
65分

＼ 豚肩ロース肉で ／

しっとりゆで豚

しっとり火を通したゆで豚は、ふだんのおかずはもちろん、
ラーメンにのせても！　おもてなし料理にもぴったりです。

with

韓国風辛みそダレ

韓国のゆで豚料理「ポッサム」に添えられるみそダレ。ピリッと甘辛く、にんにくの風味もあとを引きます。

材料（つくりやすい分量）

＊すべてを混ぜるだけ

みそ … 大さじ2
砂糖 … 大さじ1
白ねりごま … 小さじ1
おろしにんにく … 1片分
一味唐辛子 … 小さじ½
水 … 小さじ1

調理キー

メニュー ▶ カテゴリー ▶ 煮物 ▶ おでん ▶ おでん

HT24B　HT99B　HT16E　自動 ▶ 煮物2-12
HT99A　自動 ▶ 煮物1-4

材料（2〜3人分）

豚肩ロース肉（ブロック）
…300〜400g
長ねぎの青い部分…1本分
しょうがの薄切り…3枚
酒…大さじ1

つくり方

調理

- 内鍋に長ねぎ、豚肉、しょうが、酒の順に入れ、「水位MAX」まで水（分量外）を入れ、**調理キー**を押す。
- 調理が終わったら、豚肉を浸したまま冷まして完成。

仕上げ

- 薄切りにして器に盛る。好みで韓国風辛みそダレ（つくり方は左ページ）をつけ、レタスなどで包んで食べる。

BEFORE

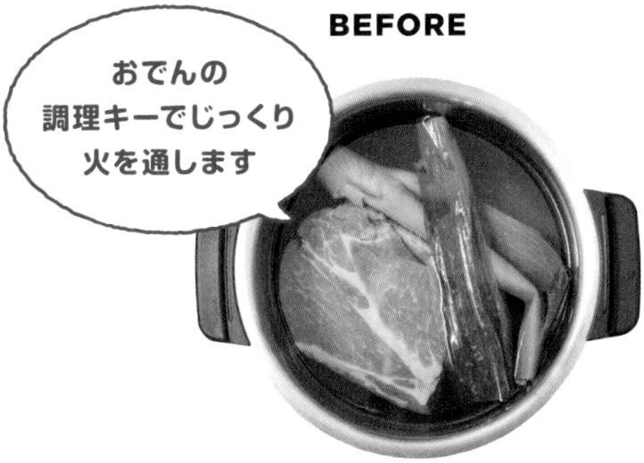

AFTER

しっとりゆで豚の
タレ＆ソース３種

ゆで豚にはやっぱり、中華やエスニック風のタレ＆ソースが合います。３種類用意して、味変しながら楽しんでも！

with
にらダレ

香りとパンチのあるにらの風味は、ゆで豚との相性最強！
にら好きの人は多めにつくって、たっぷりかけて味わって。

材料（つくりやすい分量）＊すべてを混ぜるだけ

にら（きざむ）… 大さじ2
しょうゆ … 大さじ2
砂糖、酢 … 各小さじ1
白いりごま … 適量

with

ケチャップオイスターソース

トマトとかきの濃厚な旨味のダブルパンチ！
ケチャップの甘味が豚肉によく合います。

材料（つくりやすい分量）＊すべてを混ぜるだけ

トマトケチャップ … 大さじ2
オイスターソース … 大さじ1
砂糖、しょうゆ … 各少々

with

せん切りしょうがダレ

しょうがとお酢のさっぱり感が、ゆで豚と絶妙にマッチ。
ごはんもお酒も進んでしまう味です。

材料（つくりやすい分量）＊すべてを混ぜるだけ

せん切りしょうが … 2かけ分
ごま油、酢 … 各大さじ1
塩 … 小さじ1

お肉のゆで汁で
かんたんスープ

「しっとりお肉」の旨味がたっぷり出たゆで汁は、もったいないので
スープやみそ汁のベースにぜひ活用してください！

材料（つくりやすい分量）

お肉のゆで汁（どのゆで汁でもOK）
…400㎖
小松菜（ザク切り）…1株分
ミニトマト…6個
しょうゆ…小さじ1

つくり方

- 小鍋にゆで汁を入れて中火にかけ、煮立ったらしょうゆで調味する。
- 小松菜とミニトマトを入れ、ひと煮立ちしたらできあがり。

アレンジのヒント

みそを溶かせば、おいしいみそ汁に。
塩で味つけして、ごま油少々を加えれば中華風に！

PART 4

一品でOK！の「ワンプレート＆ワンボウル」

一品つくれば食卓が整う、麺類やごはんもの。
そんなメニューにホットクックは大活躍です。

パスタメニューは、ソースを
つくりながらパスタも一緒に加熱。
手間も洗い物も少なくてすみます。
ホットクックにセットするだけで、
タイミングよく混ぜながら調理してくれます。

うどんメニューも簡単。冷凍うどんをレンジ加熱して、
ホットクックで調理した具材をのせるだけ！
煮込みうどんも、短時間でしっかり味がしみます。

カレーライスや牛丼なども、ホットクックで調理して、
ごはんにかけるだけ。
短時間でもじっくり煮込んだような味に！

調理時間
20分

きのことベーコンの ペペロンチーノ風

きのことベーコンから出ただしをたっぷり吸った麺が絶品！
にんにくの香りと唐辛子のアクセントもたまらないパスタです。

アレンジのヒント

子ども向けには赤唐辛子を
抜いてつくってください。

調理キー

メニュー ▶ カテゴリー ▶ めん類 ▶ スープパスタ

HT24B HT99B HT16E 自動 ▶ めん類5-1
HT99A 自動 ▶ めんゆで4-5

まぜ技ユニット

材料（2人分）

スパゲッティ（7分ゆで）… 160g
好みのきのこ … 200g
ベーコン … 2枚
にんにくの薄切り … 1片分
赤唐辛子の輪切り … 1本分
オリーブオイル … 大さじ1
塩 … 小さじ1
白こしょう … 少々
水 … 500㎖

BEFORE

AFTER

つくり方

準備

- きのこ ➡ 食べやすいように、ほぐしたり、切ったり裂いたりしておく。
- ベーコン ➡ 5㎜幅に切る。

調理

- スパゲッティは半分の長さに折って内鍋に入れ、オリーブオイルをからめる。
- きのこ、にんにく、赤唐辛子、ベーコンの順に入れ、塩、白こしょうをふる。
- 水を入れ、**調理キー**を押す。

仕上げ

- 器に盛り、好みで小ねぎの小口切りをのせる。

調理時間
20分

トマトソースのねじねじパスタ

トマトや玉ねぎの旨味をシンプルに塩で引き出しただけで深い味に。
のびにくいショートパスタは、ホットクック調理におすすめです。

アレンジのヒント

ロングパスタでつくるときは、
スパゲッティ（7分ゆで）を半分に折って、
オリーブオイルをからめて加えてください。

調理キー

メニュー ▶ カテゴリー ▶ めん類 ▶ スープパスタ

HT24B　HT99B　HT16E　自動 ▶ めん類 5-1

HT99A　自動 ▶ めんゆで 4-5

まぜ技ユニット

材料（2人分）

ショートパスタ（12分ゆでのフジッリ）
…140g
玉ねぎ … ½個
にんにく … 1片
オリーブオイル … 大さじ1
A カットトマト水煮（缶）… 1缶（400g）
　水 … 400mℓ
　ローリエ … 1枚
　バジル（乾燥、あれば）… 適量
　塩 … 小さじ1
　白こしょう … 適量
粉チーズ、黒こしょう … 各適量

つくり方

準備

- 玉ねぎ、にんにく ➡ みじん切りにする。

調理

- 内鍋に玉ねぎとにんにくを入れてオリーブオイルをからめ、ショートパスタを入れる。
- Aを入れ、**調理キー**を押す。

仕上げ

- 器に盛り、粉チーズと黒こしょうをふる。

調理時間
20分

ブロッコリーとツナの
クリームパスタ

ほどよいやわらかさに煮えたブロッコリーが、ツナや玉ねぎと一緒にパスタによくからみます。牛乳仕立てのあっさりしたおいしさです。

アレンジのヒント

ブロッコリーの代わりに
キャベツを使っても！

調理キー

メニュー ▶ カテゴリー ▶ めん類 ▶ スープパスタ

HT24B　HT99B　HT16E　自動 ▶ めん類 5-1
HT99A　自動 ▶ めんゆで 4-5

まぜ技ユニット

BEFORE

AFTER

材料 （2人分）

スパゲッティ（7分ゆで）… 160g
ブロッコリー … ½株（150g）
ツナ（缶）… 大1缶（140g）
玉ねぎ … ½個
牛乳 … 300mℓ
水 … 400mℓ
薄力粉 … 小さじ2
オリーブオイル … 大さじ1
塩 … 小さじ1
白こしょう … 少々

つくり方

準備

- ブロッコリー ➡ 小さめの小房に分ける。
- 玉ねぎ ➡ 繊維に沿って薄切りにし、薄力粉をまぶす。

調理

- スパゲッティは半分の長さに折って内鍋に入れ、オリーブオイルをからめる。
- 玉ねぎ、缶汁をきったツナ、水、牛乳、ブロッコリーの順に入れる。
- 塩、白こしょうをふって、**調理キー**を押す。

調理時間
30分

大豆たっぷりキーマカレー

ルウを使わなくても、カレー粉と冷蔵庫にあるいつもの調味料だけで
こんなに複雑な味に！　にんにくとしょうがをきかせるのがコツ。

アレンジのヒント

ひよこ豆や赤いんげん豆など、
好みの豆の水煮でアレンジしてください。

調理キー

メニュー ▶ カテゴリー ▶ 煮物 ▶ 佃煮・ソース ▶ ミートソース

HT24B　HT99B　HT16E　自動 ▶ 煮物2-9

HT99A　自動 ▶ 煮物1-19

まぜ技ユニット

材料（2人分）

豚ひき肉 … 200g

ゆで大豆（市販、ホットクックでゆでる方法はP125）… 150g

玉ねぎ … ½個

にんにく … 1片

しょうが … 1かけ

A トマトケチャップ、カレー粉 … 各大さじ2

　酒 … 大さじ1

　塩 … 小さじ1

　水 … 50ml

ごはん … 適量

BEFORE

ホットクックでゆでた大豆を入れても！

AFTER

つくり方

準備

- 玉ねぎ、にんにく、しょうが ➡ みじん切りにする。

調理

- 内鍋に玉ねぎ、にんにく、しょうが、豚ひき肉、ゆで大豆の順に入れる。
- Aを入れ、**調理キー**を押す。

仕上げ

- 器にごはんを盛り、カレーをかける。
- 好みでゆで卵、パセリのみじん切りをトッピングする。

調理時間
35分

バターチキンカレー

定番のインドカレーを家庭向けのマイルドな味にアレンジ。
トマトベースのソースに、市販のカレールウを少しだけ加えてつくります。

アレンジのヒント

バターチキンといえばナンですが、
ごはんにもよく合うカレーです！

調理キー

メニュー ▶ カテゴリー ▶ 煮物 ▶ 肉 ▶ 肉じゃが

HT24B　HT99B　HT16E　自動 ▶ 煮物2-1

HT99A　自動 ▶ 煮物1-1

まぜ技ユニット

材料（2〜3人分）

鶏もも肉 … 1枚（250g）

玉ねぎ … 1個

おろしにんにく … 1片分

A　好みのカレールウ（市販）… 25g

　カットトマト水煮（缶）… 1缶（400g）

　トマトケチャップ … 大さじ2

　ウスターソース … 大さじ1

　バター … 20g

　砂糖 … 小さじ1

　牛乳 … 150mℓ

ナン（市販）… 適量

固形のカレールウでOK! 辛口または中辛がおすすめ

BEFORE

AFTER

つくり方

準備

- 玉ねぎ ➡ 繊維に沿って薄切りにする。
- 鶏肉 ➡ 大きめのひと口大に切り、おろしにんにくをもみ込む。

調理

- 内鍋に玉ねぎ、鶏肉、Aの順に入れ、**調理キー**を押す。

仕上げ

- 器に盛り、ナンを添える。

調理時間
35分

ハヤシライス

デミグラスソースは使いません！　トマトケチャップと中濃ソースで
驚きのハヤシソースのできあがり。きのこを加えることで味に深みが出ます。

アレンジのヒント

野菜をとりたいときは
にんじんやじゃがいもを加えても！

調理キー

メニュー ▸ カテゴリー ▸ 煮物 ▸ 肉 ▸ 肉じゃが

HT24B HT99B HT16E 自動 ▸ 煮物2-1
HT99A 自動 ▸ 煮物1-1

まぜ技ユニット

材料（2人分）

牛切り落とし肉 … 200g
玉ねぎ … 1個
好みのきのこ … 100g
A 塩、白こしょう … 各少々
　片栗粉 … 大さじ1
B トマトケチャップ … 100㎖
　水 … 50㎖
　中濃ソース … 大さじ4
　しょうゆ … 大さじ1
　塩 … 少々
ごはん … 適量

BEFORE

AFTER

つくり方

準備

- 牛肉 ➡ ひと口大に切り、Aをまぶす。
- 玉ねぎ ➡ 繊維に沿って薄切りにする。
- きのこ ➡ 食べやすいように、ほぐしたり、切ったり裂いたりしておく。

調理

- 内鍋に玉ねぎ、牛肉、きのこ、Bの順に入れ、**調理キー**を押す。

仕上げ

- 器にごはんを盛り、ハヤシソースをかける。

調理時間
35分

かぼちゃのほうとう風

山梨の郷土料理「ほうとう」は、かぼちゃの甘さとみそのコクが溶け合うおいしさ！　うどんにもしっかり味がしみます。

アレンジのヒント

うどんは冷凍うどんを凍ったまま入れてもOK！

調理キー

メニュー ▶ カテゴリー ▶ 煮物 ▶ 肉 ▶ 肉じゃが

HT24B HT99B HT16E 自動 ▶ 煮物2-1
HT99A 自動 ▶ 煮物1-1

まぜ技
ユニット

材料（2〜3人分）

煮込み用ゆでうどん（あれば幅広）… 2玉
かぼちゃ … ¼個（400g）
にんじん … ⅕本（30g）
しめじ … ½パック
長ねぎ … ½本
豚ロース薄切り肉 … 4枚
油揚げ … ½枚
A みそ … 大さじ3
　めんつゆ（3倍濃縮）… 40mℓ
　水 … 800mℓ

BEFORE

AFTER

つくり方

準備

- かぼちゃ ➡ 大きめのひと口大に切る。
- にんじん ➡ 短冊切りにする。
- 長ねぎ ➡ 2cm幅の斜め切りにする。
- しめじ ➡ 小房に分ける。
- 豚肉 ➡ 1cm幅に切る。
- 油揚げ ➡ キッチンペーパーではさんで油をふき取り、横半分に切ってから短冊切りにする。

調理

- 内鍋にすべての野菜、豚肉、油揚げ、Aの順に入れる。
- うどんをのせて、**調理キー**を押す。

調理時間
15分

ジャージャーうどん

ホットクックの得意料理のひとつが肉みそ！　しっかり混ぜながら
水分をとばして加熱調理します。きゅうりと一緒に麺にのせて味わって。

アレンジのヒント

きゅうりの代わりに
レタスや水菜でも！

調理キー

メニュー ▶ カテゴリー ▶ 煮物 ▶ 佃煮・ソース ▶ 肉みそ

HT24B　HT99B　HT16E　自動 ▶ 煮物2-19

HT99A　自動 ▶ 煮物1-21

まぜ技ユニット

BEFORE

AFTER

材料（2人分）

冷凍うどん … 2玉
豚ひき肉 … 250g
長ねぎのみじん切り … 8㎝分
しょうがのみじん切り … 1かけ分
A　みそ、しょうゆ、酒 … 各大さじ1
　　砂糖 … 小さじ2
きゅうりのせん切り … 1本分

つくり方

調理

- 内鍋にひき肉、長ねぎとしょうが、Aを入れて軽く混ぜ合わせ、**調理キー**を押す。

仕上げ

- 調理が終わったら、ヘラなどで肉みそをほぐす。
- 冷凍うどんを袋の表示通りに電子レンジで加熱して器に盛り、きゅうり、肉みそをのせる。

調理時間
20分

五目あんかけ中華うどん

とろとろの五目あんにうどんをからめる幸せ！　お肉に片栗粉を
まぶしてセットするだけなので、とろみづけもかんたんです。

アレンジのヒント

あんかけごはんや、
あんかけ焼きそばにしても！

調理キー

メニュー ▸ カテゴリー ▸ 煮物 ▸ 肉 ▸ 豚バラ大根

HT24B　HT99B　HT16E　自動 ▸ 煮物2-14

HT99A　自動 ▸ 煮物1-20

まぜ技ユニット

材料（2人分）

冷凍うどん … 2玉
豚バラ薄切り肉 … 100g
白菜 … 3枚
にんじん … 1/5本（30g）
小松菜 … 2株
しいたけ … 2枚
片栗粉 … 大さじ1

A 酒 … 小さじ1
塩 … 少々

B 鶏ガラスープの素（顆粒）… 大さじ1
塩 … 小さじ1/4
白こしょう … 少々
水 … 50mℓ

つくり方

準備

- 白菜 ➡ 葉の部分はざく切り、軸の部分は2cm幅のそぎ切りにする。
- にんじん ➡ 短冊切りにする。
- 小松菜 ➡ 4cm長さのざく切りにする。
- しいたけ ➡ 薄切りにする。
- 豚肉 ➡ 1cm幅に切り、Aをもみ込んで片栗粉をまぶす。

調理

- 内鍋に白菜、小松菜、しいたけ、にんじん、豚肉の順に入れる。
- Bを加え、**調理キー**を押す。

仕上げ

- 冷凍うどんを袋の表示通りに電子レンジで加熱して器に盛り、五目あんをかける。

BEFORE

AFTER

調理時間
20分

つゆだく牛丼

スイッチひとつで、有名店に負けない王道の牛丼のできあがり。
つゆだくの仕上がりなので、煮汁もごはんにかけて！

材料（2人分）

牛切り落とし肉 … 300g
長ねぎ … ½本
A 砂糖、酒、みりん
　… 各大さじ1
　しょうゆ … 大さじ2
　水 … 200㎖
ごはん … 適量

つくり方

準備

- 牛肉 ➡ 大きければひと口大に切る。
- 長ねぎ ➡ 斜め薄切りにする。

調理

- 内鍋に長ねぎ、牛肉、Aの順に入れ、**調理キー**を押す。

仕上げ

- 器にごはんを盛り、牛丼の具をのせ、好みで紅しょうがを添える。

調理キー

メニュー ▶ カテゴリー ▶ 煮物 ▶ 魚介 ▶ さばのみそ煮

HT24B HT99B HT16E 自動 ▶ 煮物2-10

HT99A 自動 ▶ 煮物1-9

調理時間
20分

あっさり豚丼

左ページの牛丼の牛肉を豚肉に、長ねぎを玉ねぎに。味つけはまったく同じで豚丼の完成！ 豚肉の切り落としでつくるとあっさり味に。

材料（2人分）

豚切り落とし肉 … 300g
玉ねぎ … ½個
A 砂糖、酒、みりん
… 各大さじ1
しょうゆ … 大さじ2
水 … 200mℓ
ごはん … 適量

つくり方

準備

- 豚肉 ➡ 大きければひと口大に切る。
- 玉ねぎ ➡ 繊維を断つように5㎜厚さに切る。

調理

- 内鍋に玉ねぎ、豚肉、Aの順に入れ、**調理キー**を押す。

仕上げ

- 器にごはんを盛り、豚丼の具をのせ、好みでカイワレ大根をのせる。

調理キー

メニュー ▸ カテゴリー ▸ 煮物 ▸ 魚介 ▸ さばのみそ煮
HT24B HT99B HT16E 自動 ▸ 煮物2-10
HT99A 自動 ▸ 煮物1-9

調理時間
20分

鶏てりたま丼

鶏もも肉をてり焼き風に煮込んで、ごはんの上にのっけるだけ。
ふっくらやわらか、てりてりの鶏肉に温たまをからめれば最強！

材料（2人分）

鶏もも肉 … 1枚（250g）
長ねぎ … ½本
A 砂糖、酒、みりん
… 各大さじ1
しょうゆ … 大さじ2½
水 … 200㎖
温泉卵（市販）… 2個
ごはん … 適量

つくり方

準備

- 鶏肉 ➡ 小さめのひと口大に切る。
- 長ねぎ ➡ 2㎝長さに切る。

調理

- 内鍋に長ねぎ、鶏肉、Aの順に入れ、**調理キー**を押す。

仕上げ

- 器にごはんを盛り、鶏丼の具をのせ、温泉卵をのせる。
- 好みで七味唐辛子をふる。

調理キー

メニュー ▶ カテゴリー ▶ 煮物 ▶ 魚介 ▶ さばのみそ煮

HT24B　HT99B　HT16E　自動 ▶ 煮物2-10

HT99A　自動 ▶ 煮物1-9

PART 5

おかずになる！ 具だくさんの「スープ＆汁物」

メインのおかずにもなる具材たっぷりのスープは
ホットクックにおまかせ！
火の通りにくい根菜類もやわらか。
均一に火が通り、具材から出ただしも加わって、
おいしく仕上がります。

ほったらかしでスープや汁物が完成するので、
ごはんやパンを添えれば、朝ごはんもこれでＯＫ！

鍋の調理と違って、吹きこぼれる心配がありません。
できあがったら、保温しておけるのも便利。
具材を長めに煮たいときは、
延長キーを押して加熱時間を延ばしましょう。

調理時間
20分

キャベツと鶏肉のレモンスープ

ほどよくシャキッとした食感が残るキャベツと、
やわらかチキンがゴロゴロ。レモンの酸味がさわやかです。

アレンジのヒント

オリーブオイルをたらすと
さらに風味アップ！

調理キー

メニュー ▶ カテゴリー ▶ 煮物 ▶ 野菜 ▶ かぼちゃの煮物

HT24B　HT99B　HT16E　自動 ▶ 煮物2-3
HT99A　自動 ▶ 煮物1-2

BEFORE

AFTER

材料（2〜3人分）

鶏もも肉 … 小さめ1枚（200g）
キャベツ … 大3〜4枚（150g）
A 水 … 600mℓ
　レモンのしぼり汁 … 大さじ2
　洋風スープの素（顆粒）… 小さじ2
　酒 … 小さじ1
塩 … 小さじ $\frac{1}{3}$
黒こしょう … 適量

つくり方

準備

- 鶏肉 ➡ 小さめのひと口大に切り、塩をもみ込む。
- キャベツ ➡ ひと口大にちぎる。

調理

- 内鍋にキャベツ、鶏肉、Aの順に入れて**調理キー**を押す。

仕上げ

- 器に盛って黒こしょうをふり、あればレモン（防ばい剤などを使っていない国産のもの）の皮をすりおろす。

調理時間
20分

まるごとトマトとブロッコリーのポトフ

まるごと煮込んだトマトは、トマトスープを食べているみたいにジューシー！
やわらかく煮えたブロッコリーもホッとする味。

アレンジのヒント

ブロッコリーの代わりにカリフラワーでも！

調理キー

メニュー ▶ カテゴリー ▶ 煮物 ▶ 野菜 ▶ かぼちゃの煮物

HT24B　HT99B　HT16E　自動 ▶ 煮物2-3
HT99A　自動 ▶ 煮物1-2

材料（3人分）

トマト … 小3個
ブロッコリー … 1株（300g）
玉ねぎ … ¼個
ソーセージ … 6〜9本
にんにく … 1片
A　ローリエ … 1枚
　塩 … 小さじ1
　水 … 600mℓ
黒こしょう … 適量

BEFORE

AFTER

つくり方

準備

- トマト ➡ ヘタを取る。
- ブロッコリー ➡ 小房に分ける。
- 玉ねぎ ➡ 繊維に沿って薄切りにする。
- にんにく ➡ 縦半分に切り、軽くつぶす。

調理

- 内鍋に玉ねぎ、ブロッコリー、トマト、ソーセージ、にんにく、Aの順に入れ、**調理キー**を押す。

仕上げ

- 器に盛り、黒こしょうをふる。

調理時間
65分

まるごとオニオンスープ

玉ねぎの甘味や香りがしっかり引き出されて、スプーンですくえるやわらかさ。シンプルなのに深い味です。

アレンジのヒント

チーズをかけてオーブンで焼けばオニオングラタンスープ風にも！

調理キー

メニュー ▶ カテゴリー ▶ 煮物 ▶ おでん ▶ おでん

HT24B　HT99B　HT16E　自動 ▶ 煮物2-12
HT99A　自動 ▶ 煮物1-4

BEFORE

AFTER

材料（3人分）

玉ねぎ … 小3個

A ローリエ … 1枚
　洋風スープの素（顆粒）… 小さじ2
　塩 … 小さじ⅓
　水 … 600mℓ

パルメザンチーズ、黒こしょう、
　パセリのみじん切り … 各適量

つくり方

準備

- 玉ねぎ ➡ 上下を薄く切り落として形を整え、上に十字に切り込みを入れる。

調理

- 内鍋に玉ねぎ、Aを入れ、**調理キー**を押す。

仕上げ

- 器に盛り、パルメザンチーズ、黒こしょうをふり、パセリを散らす。

調理時間
30分

雑穀豆乳コーンチャウダー

雑穀ごはん用のミックスを使った、まろやかなチャウダー。
豆乳は調製・無調整のどちらでもつくれるので、好みに合わせて。

材料（2〜3人分）

雑穀ミックス … 30g
コーン（缶、ホール） … 小1缶（120g）
玉ねぎ … ½個
オリーブオイル … 小さじ1
A 豆乳 … 500mℓ
水 … 100mℓ
洋風スープの素（顆粒）
… 小さじ2
塩 … 小さじ½
白こしょう … 少々

つくり方

準備

- 玉ねぎ ➡ 1cm角に切る。

調理

- 内鍋に玉ねぎ、オリーブオイルを入れて混ぜる。
- 雑穀ミックス、コーン、Aを入れ、**調理キー**を押す。

調理キー
メニュー ▶ カテゴリー ▶ 煮物 ▶ 佃煮・ソース ▶ ミートソース
HT24B HT99B HT16E 自動 ▶ 煮物2-9
HT99A 自動 ▶ 煮物1-19

まぜ技ユニット

調理時間
20分

かぼちゃと鶏ささみのミルクスープ

ほくほくの甘いかぼちゃがスープに溶け込んで、まろやか。
あっさりとした鶏ささみもやさしい味です。

材料（2～3人分）

かぼちゃ … 小1/4個（270g）
鶏ささみ … 3本
A 牛乳 … 400mℓ
水 … 100mℓ
鶏ガラスープの素（顆粒）
… 小さじ1
塩 … 小さじ2/3
ローリエ … 1枚

つくり方

準備

- かぼちゃ ➡ 小さめのひと口大に切る。
- 鶏ささみ ➡ 2cm幅のそぎ切りにする。

調理

- 内鍋にかぼちゃ、鶏ささみ、Aの順に入れ、**調理キー**を押す。

仕上げ

- 器に盛り、好みでパセリを散らす。

調理キー

メニュー ▶ カテゴリー ▶ 煮物 ▶ 野菜 ▶ かぼちゃの煮物
HT24B HT99B HT16E 自動 ▶ 煮物2-3
HT99A 自動 ▶ 煮物1-2

調理時間
20分

サバとじゃがいもの トマトスープ

サバ缶とトマト、スープにしたら意外な相性のよさ。
ほくほくのじゃがいもが、ふたつの旨味をしっかり受け止めます。

アレンジのヒント

サバ缶の代わりに
オイルサーディンを使っても！

調理キー

メニュー ▶ カテゴリー ▶ 煮物 ▶ 野菜 ▶ かぼちゃの煮物

HT24B HT99B HT16E 自動 ▶ 煮物2-3
HT99A 自動 ▶ 煮物1-2

材料 (2〜3人分)

サバ水煮(缶) … 1缶(190g)
じゃがいも … 2〜3個(250g)
A トマトジュース(食塩不使用) … 500mℓ
　塩 … 小さじ1
黒こしょう … 適量

つくり方

準備

- じゃがいも ➡ ひと口大に切り、軽く水にさらして、水気をきる。

調理

- 内鍋にじゃがいも、サバ水煮(缶汁ごと)、Aの順に入れて**調理キー**を押す。

仕上げ

- 器に盛り、黒こしょうをふる。

調理時間
20分

鶏つみれ汁

食べごたえのある鶏つみれがたっぷり！　片栗粉を加えて
よく混ぜることで煮くずれせず、きれいな形に煮上がります。

アレンジのヒント

豚ひき肉でつくっても
コクのあるつみれ汁に！

調理キー

メニュー ▶ カテゴリー ▶ 煮物 ▶ 野菜 ▶ かぼちゃの煮物

HT24B　HT99B　HT16E　自動 ▶ 煮物 2-3
HT99A　自動 ▶ 煮物 1-2

材料（2～3人分）

鶏ひき肉 … 250g
大根 … 4cm（120g）
長ねぎのみじん切り … 5cm分
長ねぎの小口切り … 10cm分
A　みそ、片栗粉、酒 … 各大さじ1
B　しょうゆ、酒 … 各大さじ1
　塩 … 小さじ⅔
　水 … 600mℓ

つくり方

準備

- 大根 ➡ 7mm厚さのいちょう切りにする。
- 鶏ひき肉 ➡ 長ねぎのみじん切りを加えてよく混ぜ、Aを加えてさらによく混ぜる。12等分して丸める。

調理

- 内鍋に大根、鶏つみれ、Bの順に入れ、**調理キー**を押す。

仕上げ

- 長ねぎの小口切りを加えて余熱で温め、器に盛り分ける。

調理時間
20分

キムチチゲ

キムチとみそ、ふたつの発酵の旨味がたっぷり！
豚バラ肉入りで、食べごたえも充分。ポカポカ温まるスープです。

アレンジのヒント

あさりや卵を加えて
スンドゥブチゲに！

調理キー

メニュー ▶ カテゴリー ▶ 煮物 ▶ 野菜 ▶ かぼちゃの煮物

HT24B　HT99B　HT16E　自動 ▶ 煮物2-3
HT99A　自動 ▶ 煮物1-2

材料（2～3人分）

キムチ … 150g
豚バラ薄切り肉 … 150g
木綿豆腐 … ½丁
小ねぎ … 5本
酒 … 小さじ1
A 水 … 500mℓ
　みそ … 大さじ1

つくり方

準備

- 豚肉 ➡ 2cm幅に切り、酒をまぶす。
- 小ねぎ ➡ 5cm長さに切る。
- A ➡ 軽く溶いておく。

調理

- 内鍋に小ねぎ、豚肉、キムチ、豆腐、Aの順に入れ、**調理キー**を押す。

仕上げ

- 豆腐をお玉などで大きめに切り分けて、器に盛り分ける。

調理時間
25分

なすともやしの酸《サン》辣《ラー》湯《タン》

とろとろなすにシャキシャキもやしたっぷりの酸っぱ辛いスープ。
溶き卵に余熱で火を通すのがポイント!

アレンジのヒント

しいたけやたけのこの水煮を
加えるとさらに本格的な味に!

調理キー

メニュー ▶ カテゴリー ▶ スープ ▶ 具だくさんみそ汁

HT24B　HT99B　HT16E　自動 ▶ カレー・スープ1-5

HT99A　手動 ▶ 煮物1-1 ▶ 20分

まぜ技ユニット

材料（2～3人分）

なす … 2本（160g）
もやし … ½袋（100g）
鶏むね肉 … 100g
A 酒 … 小さじ1
　塩 … 少々
　片栗粉 … 小さじ2
B 水 … 500mℓ
　鶏ガラスープの素（顆粒）… 大さじ1
　しょうゆ … 少々
溶き卵 … 1個分
酢 … 大さじ1
ラー油 … 適量

つくり方

準備

- なす ➡ 縦半分に切り、7～8㎜厚さの斜め切りにする。
- 鶏肉 ➡ 薄く切ってから細切りにし、Aをもみ込む。

調理

- 内鍋になす、もやし、鶏肉、Bの順に入れ、**調理キー**を押す。

仕上げ

- 調理が終わったらすぐに溶き卵をまわし入れ、ふたをして2分ほど余熱で卵に火を通す。
- 酢を加えて軽く混ぜ、器に盛り分け、ラー油をかける。

BEFORE

AFTER

調理時間
25分

ごろごろ根菜汁

根菜の香りや風味がしみじみとおいしい、具だくさん汁。
素朴なさつま揚げと根菜がよく合います。

アレンジのヒント

豆腐を加えれば
けんちん汁風に!

調理キー

メニュー ▶ カテゴリー ▶ スープ ▶ 具だくさんみそ汁
HT24B　HT99B　HT16E　自動 ▶ カレー・スープ 1-5
HT99A　手動 ▶ 煮物 1-1 ▶ 20分

まぜ技ユニット

材料（2〜3人分）

れんこん … 100g
にんじん … ⅓本（50g）
ごぼう … ⅓本（40g）
長ねぎ … ½本
さつま揚げ … 2枚
A 水 … 600mℓ
めんつゆ（3倍濃縮）… 大さじ3
酒 … 大さじ1

つくり方

準備

- れんこん、にんじん ➡ 1cm角に切る。
- ごぼう、長ねぎ ➡ 1cm長さに切る。
- さつま揚げ ➡ 2cm角に切る。

調理

- 内鍋に野菜、さつま揚げ、Aを入れ、**調理キー**を押す。

調理時間
25分

きのこ豚汁

たっぷりのきのこと豚バラ肉を入れれば、具材の旨味で
だしいらず。しょうがをきかせることで、風味がよくなります。

材料 (2～3人分)

好みのきのこ… 200g
豚バラ薄切り肉
… 120g
長ねぎ… ½本
油揚げ… ½枚
しょうがの薄切り
… 1かけ分
A 水… 500㎖
みそ… 大さじ2
酒… 大さじ1

つくり方

準備

- きのこ ➡ 食べやすいようにほぐしたり、切ったり裂いたりしておく。
- 長ねぎ、豚肉 ➡ 1㎝幅に切る。
- 油揚げ ➡ キッチンペーパーで油をおさえて、横半分に切ってから細切りにする。

調理

- 内鍋にすべての具材とAを入れ、**調理キー**を押す。

仕上げ

- 器に盛り、好みで七味唐辛子をふる。

調理キー

メニュー ▶ カテゴリー ▶ スープ ▶ 具だくさんみそ汁
HT24B HT99B HT16E 自動 ▶ カレー・スープ1-5
HT99A 手動 ▶ 煮物1-1 ▶ 20分

まぜ技ユニット

PART 6

まとめて調理！
あると助かる「つくりおき」

ホットクックをもっと使いこなすには、
副菜の「つくりおき」がおすすめです。

ホットクックでつくった主菜や主食、汁物のほかに、
「つくりおき」を１、２品プラスすれば
バランスのよい食卓に！
冷めてもおいしい料理ばかりだから、
お弁当にもぴったりです。

乾燥ひじきや切り干し大根なども、
ホットクックなら水でもどさず調理ＯＫ！
滋養たっぷりの乾物をとりやすくなります。

調理時間
20分

かぼちゃのオリーブオイル煮

オリーブオイルでマリネしたかぼちゃを無水調理。
塩でしっかり甘味が引き出されて、にんにくの風味も絶妙！

調理キー

メニュー ▶ カテゴリー ▶ 煮物 ▶ 野菜 ▶ かぼちゃの煮物

HT24B HT99B HT16E 自動 ▶ 煮物2-3
HT99A 自動 ▶ 煮物1-2

材料（つくりやすい分量）

かぼちゃ … 1/4個（400g）
にんにく … 1片
ローリエ … 1枚
A オリーブオイル … 大さじ2
塩 … 小さじ2/3

つくり方

準備

- かぼちゃ ➡ 2㎝幅のくし形切りにする。
- にんにく ➡ 縦半分に切って軽くつぶす。

調理

- 内鍋にかぼちゃを入れてAをまぶす。
- にんにく、ローリエを加え、**調理キー**を押す。

保存のめやす
冷蔵で4～5日

調理時間
20分

さやいんげんとこんにゃくのおかか煮

煮上がりにおかかを混ぜれば、だしいらず！
さやいんげんとこんにゃくにしっかり味がしみます。

調理キー

メニュー ▶ カテゴリー ▶ 煮物 ▶ 野菜 ▶ かぼちゃの煮物

HT24B　HT99B　HT16E　自動 ▶ 煮物2-3
HT99A　自動 ▶ 煮物1-2

材料（つくりやすい分量）

さやいんげん … 12本
こんにゃく（アク抜き済み）… 1枚
A 酒、みりん … 各大さじ1
　しょうゆ … 大さじ1½
　塩 … 少々
かつお節 … 多めのひとつまみ

つくり方

準備

- さやいんげん ➡ 4〜5等分の斜め切りにする。
- こんにゃく ➡ 小さめのひと口大にちぎる。

調理

- 内鍋にさやいんげん、こんにゃく、Aを入れ、**調理キー**を押す。

仕上げ

- かつお節を入れて混ぜる。

保存のめやす
冷蔵で4〜5日

調理時間
10分

ピーマンともやしのナムル

「ゆで物」の調理キーを使えば、ピーマンともやしが
シャキシャキ！　ほんのり香るごま油も食欲をそそります。

調理キー

メニュー ▶ カテゴリー ▶ ゆで物 ▶ ほうれん草・小松菜

HT24B　HT99B　HT16E　自動 ▶ ゆで物3-1
HT99A　自動 ▶ 野菜ゆで3-1

まぜ技ユニット

材料（つくりやすい分量）

ピーマン … 5個
もやし … ½袋（100g）
A　ごま油 … 大さじ1
　塩 … 小さじ⅔
　砂糖 … 小さじ¼
白いりごま … 大さじ1

つくり方

準備

- ピーマン ➡ 縦半分に切って種を取り、繊維を断つように5㎜幅に切る。

調理

- 内鍋にピーマン、もやし、Aを入れ、**調理キー**を押す。

仕上げ

- 白いりごまを混ぜる。

保存のめやす
冷蔵で4～5日

調理時間
20分

じゃこ大根

ちりめんじゃこからもだしが出て、大根にしみしみ。
ほんの少しきかせたごま油が、さらにいい風味。

調理キー

メニュー ▶ カテゴリー ▶ 煮物 ▶ 肉 ▶ 豚バラ大根

HT24B HT99B HT16E 自動 ▶ 煮物2-14
HT99A 自動 ▶ 煮物1-20

まぜ技ユニット

材料（つくりやすい分量）

大根 … 10cm（300g）
ちりめんじゃこ … 30g
ごま油 … 小さじ1
A 酒、みりん、しょうゆ
… 各大さじ1
砂糖 … 小さじ1

つくり方

準備

- 大根 ➡ 長さを半分に切り、1cm幅の短冊切りにする。

調理

- 内鍋に大根、ちりめんじゃこを入れ、ごま油を混ぜる。
- Aを加え、**調理キー**を押す。

保存のめやす
冷蔵で4～5日

調理時間
20分

れんこんとにんじんの炒めなます

パリッとした食感のれんこんと、甘いにんじんの名コンビ。
まろやかな酸味で、箸休めにぴったりです。

調理キー

メニュー ▶ カテゴリー ▶ 煮物 ▶ 肉 ▶ 豚バラ大根

HT24B　HT99B　HT16E　自動 ▶ 煮物2-14
HT99A　自動 ▶ 煮物1-20

まぜ技ユニット

材料（つくりやすい分量）

れんこん … 250g
にんじん … ½本（80g）
ごま油 … 小さじ1
A　酒、しょうゆ … 各大さじ1
　みりん … 大さじ2
酢 … 大さじ1

つくり方

準備

- れんこん、にんじん ➡ 5㎜厚さのいちょう切りにする。

調理

- 内鍋にれんこん、にんじんを入れ、ごま油を混ぜる。
- Aを入れ、**調理キー**を押す。

仕上げ

- 酢を加えて混ぜる。

保存のめやす
冷蔵で4～5日

調理時間 20分

ジャーマンポテト

ほくほくじゃがいもにソーセージがゴロゴロ。
しっかり食べごたえのあるおかずです！

調理キー

メニュー ▶ カテゴリー ▶ 煮物 ▶ 肉 ▶ 豚バラ大根

HT24B　HT99B　HT16E　自動 ▶ 煮物2-14
HT99A　自動 ▶ 煮物1-20

まぜ技ユニット

材料（つくりやすい分量）

じゃがいも … 3～4個（350g）
ソーセージ … 5本
玉ねぎ … ¼個
にんにくの薄切り … 1片分
パセリのみじん切り … 適量
オリーブオイル … 大さじ1
塩 … 小さじ½

つくり方

準備

- じゃがいも ➡ 1㎝厚さの輪切りにし、水に軽くさらして水気をきる。
- 玉ねぎ ➡ 繊維に沿って薄切りにする。
- ソーセージ ➡ 2～3㎝長さに切る。

調理

- 内鍋にじゃがいも、玉ねぎ、ソーセージを入れる。
- にんにく、オリーブオイル、塩を加えて軽く混ぜ、**調理キー**を押す。

仕上げ

- パセリのみじん切りをまぶす。

保存のめやす
冷蔵で3～4日

調理時間
20分

ごぼうのごま和え

火の通りにくいごぼうが、ほどよく歯ごたえのある
やわらかさに！　ごまの香りもごぼうによく合います。

調理キー

メニュー ▶ カテゴリー ▶ 煮物 ▶ 野菜 ▶ かぼちゃの煮物

HT24B　HT99B　HT16E　自動 ▶ 煮物2-3
HT99A　自動 ▶ 煮物1-2

材料（つくりやすい分量）

ごぼう … 2本（200g）
A　しょうゆ … 大さじ1½
　酒、みりん … 各大さじ1
　酢 … 大さじ½
白すりごま … 大さじ3

つくり方

準備

- ごぼう ➡ 1cm厚さの斜め切りにする。

調理

- 内鍋にごぼう、Aを入れて**調理キー**を押す。

仕上げ

- すりごまを入れて和える。

保存のめやす
冷蔵で4～5日

調理時間
20分

ホットコールスロー

お酢の酸味をきかせた、無水調理でつくるコールスロー。
冷めても味がなじんで、おいしく食べられます。

調理キー

メニュー ▶ カテゴリー ▶ 煮物 ▶ 肉 ▶ 豚バラ大根

HT24B HT99B HT16E 自動 ▶ 煮物2-14
HT99A 自動 ▶ 煮物1-20

まぜ技ユニット

材料 （つくりやすい分量）

キャベツ … ¼ 玉（250g）
ベーコン … 2枚
A 酢 … 大さじ1
　塩 … 小さじ ⅓
黒こしょう … 適量

つくり方

準備

- キャベツ、ベーコン ➡ 5㎜幅の細切りにする。

調理

- 内鍋にキャベツ、ベーコン、Aを入れて軽く混ぜ、**調理キー**を押す。

仕上げ

- 黒こしょうをふって混ぜる。

保存のめやす
冷蔵で3～4日

調理時間
20分

いろいろきのこのなめたけ

きのこは冷蔵庫にあるもので、なんでもOK!
なめたけ特有のとろみを出すには、えのきたけがマスト!

調理キー

メニュー ▶ カテゴリー ▶ 煮物 ▶ 肉 ▶ 豚バラ大根

HT24B HT99B HT16E 自動 ▶ 煮物2-14
HT99A 自動 ▶ 煮物1-20

まぜ技ユニット

材料（つくりやすい分量）

えのきたけ、好みのきのこ
… 合計300g
A しょうゆ、みりん
… 各50㎖
砂糖 … 大さじ1
酢 … 小さじ1

つくり方

準備

- きのこ ➡ 食べやすいようにほぐしたり、切ったり裂いたりしておく。

調理

- 内鍋にきのこ、Aを入れ、**調理キー**を押す。

保存のめやす
冷蔵で4～5日

調理時間
35分

和風ラタトゥイユ

和風味の秘密はみそ！ トマトとの相性がいいので、ごはんにも合う味になります。好みでオリーブオイルをかけても！

調理キー

メニュー ▶ カテゴリー ▶ 煮物 ▶ 肉 ▶ 肉じゃが

HT24B HT99B HT16E 自動 ▶ 煮物2-1
HT99A 自動 ▶ 煮物1-1

まぜ技ユニット

材料（つくりやすい分量）

なす … 2個
ズッキーニ … 1本
パプリカ … 1個
ピーマン … 2個
玉ねぎ … ½個
にんにく … 1片

A
カットトマト水煮（缶） … 1缶（400g）
みそ … 大さじ2
酒 … 大さじ2
塩 … 小さじ½
ローリエ … 1枚

つくり方

準備

- なす、ズッキーニ ➡ 2㎝厚さの輪切りにする。
- パプリカ、ピーマン、玉ねぎ ➡ 3㎝角に切る。
- にんにく ➡ 縦半分に切って軽くつぶす。

調理

- 内鍋にすべての野菜、Aを入れ、**調理キー**を押す。

保存のめやす
冷蔵で4～5日

調理時間
20分

にんじんのカレーきんぴら

甘味のあるにんじんに、カレーのスパイシーな味がぴったり。
ノンオイルでつくれるのでヘルシーです。

調理キー

メニュー ▶ カテゴリー ▶ 煮物 ▶ 肉 ▶ 豚バラ大根

HT24B　HT99B　HT16E　自動 ▶ 煮物2-14
HT99A　自動 ▶ 煮物1-20

まぜ技ユニット

材料（つくりやすい分量）

にんじん … 2本（300g）
A　酒、みりん、しょうゆ … 各大さじ1
　カレー粉 … 小さじ1

つくり方

準備

- にんじん ➡ 長さを3等分して、短冊切りにする。

調理

- 内鍋ににんじん、Aを入れ、**調理キー**を押す。

保存のめやす
冷蔵で**4～5日**

調理時間 20分

なすの煮びたし

しょうゆと酒、みりんでシンプルにコトコト煮るだけ！
しっかり味がしみて、皮までとろっとやわらか！

調理キー

メニュー ▶ カテゴリー ▶ 煮物 ▶ 野菜 ▶ かぼちゃの煮物

HT24B HT99B HT16E 自動 ▶ 煮物2-3
HT99A 自動 ▶ 煮物1-2

材料（つくりやすい分量）

なす … 4本（320g）
A しょうゆ … 大さじ2
酒、みりん … 各大さじ1
水 … 300mℓ

つくり方

準備

- なす ➡ ヘタを切り落として縦半分に切り、斜めに細かく切り込みを入れる。

調理

- 内鍋になす、Aを入れ、**調理キー**を押す。

保存のめやす
冷蔵で4～5日

調理時間
20分

さつまいものバターグラッセ

ホットクックで煮たさつまいもは、ほっくほく！
バターの風味とコクで、冷めてもしっとりしてあとを引く味に。

調理キー

メニュー ▶ カテゴリー ▶ 煮物 ▶ 野菜 ▶ かぼちゃの煮物

HT24B HT99B HT16E 自動 ▶ 煮物2-3
HT99A 自動 ▶ 煮物1-2

材料（つくりやすい分量）

さつまいも … 2～3本（550g）
A バター … 30g
　砂糖 … 大さじ1
　塩 … 少々
　水 … 50mℓ

つくり方

準備

- さつまいも ➡ 1cm厚さの輪切りにし、水に軽くさらして水気をきる。

調理

- 内鍋にさつまいもを入れ、Aを加えて**調理キー**を押す。

仕上げ

- 全体を軽く混ぜる。

保存のめやす
冷蔵で4～5日

調理時間
20分

切り干し大根ときのこの煮物

切り干し大根は水でもどさずに内鍋にポイッと入れてOK!
きのこの旨味をしっかり吸った、ほっとする味のお総菜です。

調理キー

メニュー ▶ カテゴリー ▶ 煮物 ▶ 肉 ▶ 豚バラ大根

HT24B HT99B HT16E 自動 ▶ 煮物 2-14
HT99A 自動 ▶ 煮物 1-20

まぜ技ユニット

材料（つくりやすい分量）

切り干し大根 … 40g
好みのきのこ … 100g
A しょうゆ … 大さじ2
　砂糖、酒 … 各大さじ1
水 … 450mℓ

つくり方

準備

- きのこ ➡ 食べやすいようにほぐしたり、切ったり裂いたりしておく。

調理

- 内鍋に切り干し大根、水、A、きのこの順に入れ、**調理キー**を押す。

保存のめやす
冷蔵で4~5日

調理時間
35分

ひじきと大豆の煮物

乾燥ひじきはもどさずに、内鍋にそのまま入れるだけ。
海藻の旨味がだしになって、大豆もおいしく煮上がります。

調理キー

メニュー ▶ カテゴリー ▶ 煮物 ▶ 乾物・こんにゃく ▶ ひじきの煮物

HT24B HT99B HT16E 自動 ▶ 煮物2-16
HT99A 自動 ▶ 煮物1-3

まぜ技ユニット

材料（つくりやすい分量）

芽ひじき（乾燥）… 10g
ゆで大豆（市販、ホットクックでゆでる方法は右ページ）… 120g
にんじん … ¼本（40g）
油揚げ … 1枚
A 酒 … 大さじ2
しょうゆ … 大さじ1½
砂糖 … 大さじ1
水 … 200㎖

つくり方

準備

- にんじん ➡ 5㎜角の拍子木切りにする。
- 油揚げ ➡ キッチンペーパーで油をおさえて、横半分に切ってから細切りにする。

調理

- 内鍋にひじき、ゆで大豆、にんじん、油揚げ、Aを入れ、**調理キー**を押す。

保存のめやす
冷蔵で4～5日

ゆで大豆

保存のめやす
冷蔵で3～4日
冷凍で1か月

「黒豆」の調理キーを利用して、
じっくり静かにゆで上げる「ゆで大豆」。
1時間たてば、もうできあがり！

調理キー

メニュー ▸ カテゴリー ▸ 煮物 ▸ 豆 ▸ 黒豆

HT24B　HT99B　HT16E　自動 ▸ 煮物2-21
HT99A　自動 ▸ 煮物1-13

調理時間 60分

※3時間かかる調理キーですが、60分で加熱を止めて取り出します。

材料 （つくりやすい分量）

大豆（乾燥）…200g
水…800mℓ

つくり方

準備

- 大豆 ➡ たっぷりの水（分量外）にひと晩浸す。

調理

- 大豆をザルにあけて水気をきり、内鍋に入れる。
- 分量の水を加え、**調理キー**を押す。

仕上げ

- 1時間たったら調理を止めてふたを開け、味見する。豆がやわらかくなっていれば加熱を止め、できあがり。
- そのまま冷まし、ゆで汁に浸したまま保存容器に入れて冷蔵するか、ファスナー付き保存袋に汁に浸るように入れて冷凍する。

BEFORE

AFTER

INDEX
調理時間＆調理キー別

● 調理時間について

各調理キーの調理時間は、ホットクックの自動調理メニューに設定されている加熱時間の目安です。この本のレシピでつくる場合は、食材の種類や量によって変わることがあります。

橋本加名子
Kanako Hashimoto

料理研究家、栄養士、フードコーディネーター。
海外留学、海外商社勤務時代にタイ、ベトナム、ラオス、広東料理などを広く学び、帰国後は懐石料理を学ぶ。独立後、料理教室「おいしいスプーン」を主宰する傍ら、飲食店のプロデュースやフードコーディネートなどに携わる。現在は、雑誌や書籍、ウェブサイト等で活躍。企業で働きながら子育てをした経験をいかし、「体にやさしくて、つくりやすい家庭料理」を提案し続けている。『フライパン1つで！　失敗しない和食』（辰巳出版）、『おいしい！かんたん！はじめての作りおきおかず』（新星出版社）等、著書多数。

「おいしいスプーン」
http://oishi-spoon.com/

協力

シャープ株式会社

〒590-8522
大阪府堺市堺区匠町1番地
お客様相談窓口　0120-078-178
https://jp.sharp/

Staff

デザイン：髙橋朱里、菅谷真理子
（マルサンカク）
撮影：加藤麻希
調理アシスタント：sue
校正：ディクション
編集：大沼聡子

本書の内容に関するお問い合わせは、お手紙かメール（jitsuyou@kawade.co.jp）にて承ります。恐縮ですが、お電話でのお問い合わせはご遠慮くださいますようお願いいたします。

少ない材料＆調味料で、あとはスイッチポン！
ホットクックお助けレシピ

2020年4月30日　初版発行
2024年7月30日　12刷発行

著　者　　橋本加名子
発行者　　小野寺優
発行所　　株式会社河出書房新社
〒162-8544
東京都新宿区東五軒町2-13
電話　03-3404-1201（営業）
03-3404-8611（編集）
https://www.kawade.co.jp/
印刷・製本　TOPPANクロレ株式会社

Printed in Japan
ISBN978-4-309-28794-2